Hernandes Dias Lopes

PARA ONDE CAMINHA A IGREJA

© 2013 por Hernandes Dias Lopes

Revisão
Andrea Filatro
Josemar de Souza Pinto

Capa
Maquinaria Studio

Diagramação
Sonia Peticov

1ª edição - Julho de 2013
Reimpressão - Março de 2014
Reimpressão - Janeiro de 2016
Reimpressão - Agosto de 2017

Editor
Juan Carlos Martinez

Coordenador de produção
Mauro W. Terrengui

Impressão e acabamento
Imprensa da Fé

Todos os direitos desta edição reservados para:
Editora Hagnos Ltda
Av. Jacinto Júlio, 27
04815-160- São Paulo - SP - Tel (11)5668-5668
hagnos@hagnos.com.br - www.hagnos.com.br

Dados Internacionais de Catalogação na Publicação (CIP)
(Câmara Brasileira do Livro, SP, Brasil)

Lopes, Hernandes Dias -
Para onde caminha a igreja / Hernandes Dias Lopes - São Paulo, SP: Hagnos 2013.

ISBN 978-85-63563-58-3

1. Igreja - Crescimento 2. Missão da igreja 3. Palavra de Deus 4. Reavivamento (Religião) 5. Renovação da igreja I. Título

13-05448   CDD-262.0017

Índices para catálogo sistemático:
1. Igreja: Crescimento e renovação: Cristianismo 262.0017

Editora associada à:

Dedico este livro ao rev. Arival Dias Casimiro, ministro do evangelho, pregador fervoroso, amigo precioso, homem comprometido com o projeto de plantação de igrejas.

Sumário

Prefácio 7
Introdução 9

1. Uma igreja poderosa 17
2. Uma igreja modelo 25
3. Uma igreja restaurada 37
4. Uma igreja saudável 55
5. Uma igreja *una* 67
6. Uma igreja bela 83
7. Uma igreja amada 95
8. Uma igreja desposada 105
9. Uma igreja glorificada 113

Prefácio

Este livro é o clamor da minha alma, o grito do meu coração, a aspiração profunda que emana do meu ser. Amo a igreja e tenho vivido os anos da minha vida envolvido com ela. Já preguei em mais de mil igrejas, de diferentes denominações, em diversos países. Já conversei com centenas de líderes e preguei em inúmeros congressos para pastores. Por onde ando, ouço relatos dramáticos sobre as lutas vividas nas altas rodas da liderança eclesiástica, as tensões nos bastidores do poder e as contradições entre o que se prega e o que se vive. Ouvi certa feita alguém dizer: "A igreja é como a arca de Noé. Se não fosse a tempestade lá fora, ninguém suportaria o cheiro aqui dentro". A igreja ainda não foi glorificada!

Precisamos entender que existem duas igrejas: a militante e a triunfante; a visível e a invisível. A igreja visível é aquela conhecida pela sua bandeira denominacional, cujas pessoas foram batizadas e recebidas como membros. A igreja visível é composta por ovelhas e bodes, trigo e joio, filhos do Reino e filhos do Maligno. A igreja invisível ou triunfante, porém, é composta por todos aqueles que foram lavados no sangue do Cordeiro e fazem parte da família de Deus. Essa igreja é a única que vai morar com Jesus por toda a eternidade nos novos céus e nova terra.

A igreja militante, na sua caminhada milenar, tem enfrentado grandes batalhas. Perseguições externas e conflitos internos. Muitas vezes, parece anêmica e sem fervor; outras vezes, ressurge das cinzas e experimenta grandes avivamentos. A cada geração a igreja tem seus próprios desafios e necessidades. Precisamos ter olhos abertos para aprender com a história. Ela será nossa pedagoga ou nossa coveira. Se não aprendermos com ela, repetiremos seus erros.

Minha expectativa é que, na leitura deste livro, você faça uma reflexão sobre os perigos que já conspiraram contra a igreja no passado, as ameaças que a igreja enfrenta em nossos dias e as possibilidades e os desafios que a igreja tem à sua frente.

HERNANDES DIAS LOPES

Introdução

No ano de 2011, visitei as sete igrejas da Ásia Menor, conhecidas como as sete igrejas do Apocalipse: Éfeso, Esmirna, Pérgamo, Tiatira, Sardes, Filadélfia e Laodiceia. Chorei copiosamente sobre os escombros e ruínas daquelas igrejas. Elas estão literalmente mortas. Restam apenas ruínas de um passado glorioso que se foi. As glórias daquele tempo distante estão cobertas de poeira e sepultadas debaixo de pesadas pedras. Hoje, nessa mesma região, há menos de 1% de cristãos. Diante disso, uma pergunta lateja em nossa mente: O que faz uma igreja morrer? Quais são os sintomas da morte que ameaçam as igrejas ainda hoje?

A MORTE DE UMA IGREJA ACONTECE QUANDO ELA SE APARTA DA VERDADE. Algumas igrejas da Ásia Menor foram ameaçadas pelos falsos mestres e suas heresias. Foi o caso das igrejas de Pérgamo e Tiatira, que deram guarida à perniciosa doutrina de Balaão e se corromperam tanto na teologia quanto na ética. Uma igreja não tem antídoto para resistir à apostasia quando abandona sua fidelidade às Escrituras nem a inevitabilidade da morte quando se aparta dos preceitos de Deus.

Temos visto esses sinais de morte em muitas igrejas na Europa, na América do Norte e também no Brasil. Algumas denominações históricas capitularam tanto ao liberalismo como ao misticismo e abandonaram a sã doutrina. O resultado inevitável foi, por um lado, o esvaziamento dessas igreja ou, por outro, o seu crescimento numérico, mas um crescimento sem compromisso com a verdade e com a santidade. Não podemos confundir numerolatria com crescimento saudável. Nem sempre uma multidão sinaliza o crescimento saudável da igreja. Uma igreja pode ser grande e mesmo assim estar gravemente enferma. Sempre que uma igreja troca o evangelho da graça por outro evangelho, entra por um caminho desastroso, cujo destino final é a morte.

A MORTE DE UMA IGREJA ACONTECE QUANDO ELA SE MISTURA COM O MUNDO. A igreja de Pérgamo estava dividida entre a fidelidade a Cristo e o apego ao mundo. A igreja de Tiatira tolerava a imoralidade sexual entre seus membros. Na igreja de Sardes não havia heresia nem perseguição, mas a maioria dos crentes tinha suas vestiduras contaminadas pelo pecado. Uma igreja que flerta com o mundo para amá-lo e conformar-se a ele não permanece. Seu candeeiro é apagado e removido. Alguém disse: "Fui procurar a igreja e a encontrei no mundo; fui procurar o mundo e o encontrei na igreja".

A Palavra de Deus é clara: ser amigo do mundo é constituir-se inimigo de Deus. Quem ama o mundo, o amor do Pai não está nele. Hoje há pouca ou quase nenhuma diferença entre o estilo de vida daqueles que estão na igreja e daqueles que estão comprometidos com os esquemas do mundo. O índice de divórcios entre os cristãos é tão alto como o daqueles que não professam a fé cristã. O número de jovens cristãos que vão para o casamento com uma vida sexual ativa é quase o mesmo daqueles que não frequentam uma igreja evangélica. A bancada evangélica no Congresso Nacional é conhecida como a mais corrupta da política brasileira. Uma teologia capenga produz uma vida frouxa. Precisamos voltar aos princípios da Reforma e clamar por uma reavivamento!

A MORTE DE UMA IGREJA ACONTECE QUANDO ELA NÃO DISCERNE SUA DECADÊNCIA ESPIRITUAL. A igreja de Sardes olhava-se no espelho e dava nota máxima a si mesma, declarando ser uma igreja viva, enquanto aos olhos de Cristo já estava morta. A igreja de Laodiceia considerava-se rica e abastada, quando na verdade era pobre e miserável. O pior doente é aquele que não tem consciência de sua enfermidade. Uma igreja nunca está tão à beira da morte como quando se vangloria diante de Deus pelas suas pretensas virtudes.

O cristão não deve ser um fariseu. Os fariseus aplaudiam a si mesmos por causa de suas virtudes, ao mesmo tempo que olhavam para os publicanos e os enchiam de acusações descaridosas. O cristão verdadeiro não é aquele que faz um solo do hino "Quão grande és tu" diante do espelho, mas aquele que chora diante de Deus por causa de seus pecados.

A MORTE DE UMA IGREJA ACONTECE QUANDO ELA NÃO ASSOCIA A DOUTRINA COM A VIDA. A igreja de Éfeso foi elogiada por Jesus pelo seu zelo doutrinário, mas foi repreendida por ter abandonado seu primeiro amor. Tinha doutrina, mas não vida; ortodoxia, mas não ortopraxia; teologia boa, mas não vida piedosa. Jesus ordenou à igreja lembrar-se de onde tinha caído, arrepender-se e voltar à prática das primeiras obras. Se a doutrina é a base da vida, a vida precisa ser a expressão da doutrina. As duas coisas não podem viver separadas. Doutrina sem vida produz orgulho e aridez espiritual; vida sem doutrina desemboca em misticismo pagão. Uma igreja viva tem doutrina e vida, ortodoxia e piedade, credo e conduta!

A MORTE DE UMA IGREJA ACONTECE QUANDO LHE FALTA PERSEVERANÇA NO CAMINHO DA SANTIDADE. As igrejas de Esmirna e Filadélfia foram elogiadas pelo Senhor e não receberam censura alguma. Contudo, em dado momento, nas dobras do futuro, essas igrejas também se afastaram da verdade e perderam sua relevância. Não basta começar bem; é preciso terminar bem. Falhamos, muitas vezes, em passar o bastão da verdade para a próxima geração. Um recente estudo revela que a terceira geração de uma igreja já não tem mais o mesmo fervor da primeira. É preciso não apenas começar a carreira, mas terminar a carreira e guardar a fé! É tempo de pensarmos: Como será nossa igreja nas próximas gerações? Que tipo de igreja deixaremos para nossos filhos e netos? Uma igreja viva ou uma igreja morta?

Tenho visitado com frequência a Europa. A realidade espiritual do velho continente é dramática. Leva-nos às lágrimas! Hoje, a Europa, o berço do protestantismo, onde aconteceu a Reforma do século 16; onde floresceu o movimento dos puritanos, dando à história a mais culta e piedosa geração da existência da igreja; onde aconteceu o movimento pietista e o movimento dos morávios, que mantiveram uma reunião de oração por cem anos ininterruptos e viram um dos mais poderosos despertamentos missionários da história; onde nasceram as missões modernas, levando o evangelho a todos os rincões do planeta; onde aconteceram os grandes reavivamentos que impactaram cidades e nações inteiras, esse mesmo lugar é chamado hoje de continente pós-cristão. Recebi o *e-mail* de um amigo, de Londres, Inglaterra. Ele me disse:

Introdução

"Pastor Hernandes, a Inglaterra não é mais o país de John Wesley e George Whitefield. A Inglaterra não é mais o país de William Wilberforce e William Carey. A Inglaterra não é mais o país de Charles Haddon Spurgeon e John Charles Ryle. A Inglaterra não é mais o país de Martyn Lloyd-Jones e John Stott. A Inglaterra é hoje o país de Richard Dawkson, o patrono dos ateus".

Temos visto os templos evangélicos sendo vendidos e transformados em museus, teatros e mesquitas muçulmanas. Tenho visitado anualmente os Estados Unidos e o Canadá, países de cultura protestante. Muitas igrejas têm sido chamadas de *dead churches* ("igrejas mortas"). Templos suntuosos, mas vazios. Grandes estruturas, mas sem vida. Seminários que já foram baluartes na preparação de pastores, teólogos e missionários, hoje foram tomados de assalto pelos liberais e se tornaram agências de incredulidade e ceticismo. Até mesmo algumas denominações ortodoxas estão perdendo milhares de membros todos os anos. A luz vermelha já está acesa. O alarme já soou. Há uma crise instalada. A igreja está como uma vinha murcha. Um reavivamento é urgentemente necessário!

No Brasil, os ufanistas celebram o crescimento colossal da igreja evangélica. No entanto, o que mais prospera nestas plagas é um neopentecostalismo eivado de um semievangelho, um evangelho híbrido, sincrético, contaminado pelo paganismo. Há templos lotados de pessoas vazias. Há uma corrida desesperada atrás de milagres, e não em busca do pão que não perece. Há uma propaganda enganosa de coisas sobrenaturais, feita por marqueteiros da fé, espertalhões movidos pelo combustível da ganância, que arrastam multidões para templos religiosos, mas não para o evangelho da graça. Proclamam uma religiosidade mística, repleta de práticas estranhas às Escrituras. Assistimos, com tristeza, a ministérios transformando-se em impérios financeiros e igrejas transformando-se em organizações lucrativas.

Por outro lado, muitas igrejas históricas foram seduzidas pelo canto da sereia, pelo sibilo da serpente, e caíram nas malhas do liberalismo teológico. Pastores que deixaram o veneno da antiga serpente entorpecer-lhes a mente e matar-lhes a fé. Temos visto, com tristeza, seminários que no passado foram celeiros missionários e hoje geram ministros da incredulidade em vez de pregadores da verdade. O liberalismo teológico começa nas cátedras e delas desce aos púlpitos, de onde mata as igrejas. A relativização da verdade gesta a imoralidade. Igrejas que se rendem ao liberalismo teológico acabam capitulando ao descalabro moral.

Como se isso não bastasse, assistimos hoje ao florescimento de um radicalismo intolerante, que coa um mosquito e engole um camelo. Vem de líderes que oprimem o povo com regras pesadas, com um cristianismo sem doçura e sem alegria. É a volta do legalismo pesado, da patrulha alheia, do imperialismo da forma e da perda da essência.

Esse cenário nos leva a questionar: Para onde caminha a igreja? Aqueles que seguiram pela rota sinuosa do liberalismo desviaram do caminho estreito que conduz à vida. Aqueles que marcharam de forma ufanista pela estrada sedutora do sincretismo religioso perderam-se nos labirintos do experiencialismo humanista. Aqueles que seguiram cegamente líderes megalomaníacos estão hoje frustrados e decepcionados com a carreira cristã. Aqueles que pregam uma ortodoxia morta tornam-se xerifes da vida alheia, mas são áridos como um deserto. É conhecida a expressão de E. M. Bounds: "Homens mortos tiram de si sermões mortos, e sermões mortos matam". É hora de pararmos para fazer um *check-up* da nossa alma. É hora de nos olharmos no espelho e rogar ao Pai que nos ajude a fazer um autoexame. É hora de nos arrependermos dos nossos pecados e nos voltar para Deus. A crise nunca foi impedimento para a ação de divina. Se nos arrependermos, encontraremos cura. Se nos humilharmos sob a poderosa mão de Deus, haverá esperança para a nossa alma. A igreja, em outros tempos, reergueu-se das cinzas, e de um vale de ossos secos já se levantaram exércitos. Precisamos clamar, com toda a força da nossa alma: "Oh, Deus, na tua ira, lembra-te da misericórdia. Aviva a tua obra, ó Senhor, no decorrer dos anos!".

Minha esperança é que esta mensagem encha sua alma de uma santa inquietação e produza em seu coração uma disposição de se voltar para Deus e orar até que ele venha e restaure a sua igreja, transformando-a em uma coroa de glória em suas mãos e em uma luz poderosa para todas as nações!

1
Uma igreja poderosa

Bill Hybels, em uma de suas prédicas, perguntou: "Qual é a igreja mais importante do mundo?". Ele mesmo respondeu: "A igreja mais importante do mundo é a igreja que Deus está edificando dentro de você".

Quais são as marcas dessa igreja que ainda hoje pode abalar o mundo? Para responder a essa pergunta, precisamos olhar não para as igrejas contemporâneas, mas para a igreja-mãe, a igreja de Jerusalém.

Aquela igreja possuía algumas marcas: 1) ela se reunia no templo e de casa em casa; 2) tinha profundo compromisso com a doutrina e também com uma celebração festiva; 3) estava plenamente engajada na ação social (horizontal) e também na oração (vertical); 4) não apenas evangelizava, mas também fazia discípulos; 5) tinha grande comunhão dentro dos muros e também a simpatia dos de fora.

Hoje vemos igrejas que revelam grandes desequilíbrios. As igrejas que zelam pela doutrina não celebram com entusiasmo. As igrejas ativas na ação social desprezam a oração. Aquelas que mais crescem em número mercadejam a verdade. Aqueles que sabem, quase nada fazem; aqueles que mais fazem, pouco sabem.

Vamos olhar para a igreja de Jerusalém como nosso exemplo e modelo. A melhor maneira de fazer isso é examinar Atos 2.42-47.

Uma igreja que tem zelo pela teologia

O zelo da igreja de Jerusalém pela teologia pode ser comprovado, pelas seguintes razões:

FIRMEZA DOUTRINÁRIA. *E perseveravam na doutrina dos apóstolos...* (At 2.42). A igreja de Jerusalém nasceu sob o bastão da verdade. A igreja começa com o derramamento do Espírito, a pregação cristocêntrica e a permanência dos novos crentes na doutrina dos apóstolos.

Ao longo da história da humanidade, houve muitos desvios da verdade. Destacaremos aqui alguns:

a. as heresias da Idade Média introduzidas pela igreja;
b. a ortodoxia sem piedade;
c. o pietismo – piedade sem ortodoxia;
d. os quacres – o importante é a luz interior;
e. o movimento liberal – a razão acima da revelação;
f. o movimento neopentecostal – a experiência acima da revelação.

Devemos ressaltar que Deus tem compromisso com sua Palavra. Ele tem zelo pela verdade. Uma igreja fiel não pode mercadejar a Palavra de Deus. Não há poder espiritual à parte da verdade. Não há avivamento genuíno sem a centralidade da Palavra. Não há crescimento saudável da igreja sem apego à sã doutrina.

PERSEVERANÇA NA ORAÇÃO. *E perseveravam [...] nas orações* (At 2.42). A igreja de Jerusalém não apenas possuía uma

Uma igreja poderosa

boa teologia de oração, mas efetivamente orava. Ela dependia mais de Deus que dos seus próprios recursos. Vejamos alguns exemplos:

a. Atos 1.14 – Todos unânimes perseveravam em oração.
b. Atos 3.1 – Os líderes da igreja vão orar às 3 horas da tarde.
c. Atos 4.31 – A igreja sob perseguição ora, o lugar treme e o Espírito desce.
d. Atos 6.4 – A liderança entende que a sua maior prioridade é oração e a Palavra.
e. Atos 9.11 – O primeiro sinal que Deus deu a Ananias sobre a conversão de Paulo é que ele estava orando.
f. Atos 12.5 – Pedro está preso, mas há oração incessante da igreja em seu favor, e ele é libertado miraculosamente.
g. Atos 13.1-3 – A igreja de Antioquia ora, e Deus abre as portas das missões mundiais.
h. Atos 16.25 – Paulo e Silas oram na prisão, e Deus abre as portas da Europa para o evangelho.
i. Atos 20.36 – Paulo ora com os presbíteros da igreja de Éfeso na praia.
j. Atos 28.8,9 – Paulo ora pelos enfermos da ilha de Malta e os cura.

A igreja hoje fala de oração, mas não ora. Sem oração, a pregação produz morte, e não vida. Sem oração, não há poder. Sem oração, a ortodoxia torna-se ossificada. Sem oração, não há vida cristã vitoriosa.

HAVIA TEMOR DE DEUS NA IGREJA. *Em cada alma havia temor...* (At 2.43). Hoje as pessoas estão acostumadas com o sagrado. Há uma banalização do sagrado. Há uma saturação, uma comerciliazação e uma paganização das coisas de Deus. Quem conhece a santidade de Deus não brinca com as coisas dele. Falta temor a Deus nas igrejas contemporâneas. Falta temor a Deus nos púlpitos. Falta temor a Deus nas músicas. Falta temor a Deus nas conversas. Certamente há dois extremos perigosos aqui. O primeiro deles é a irreverência; o segundo é a fobia de Deus. Temor a Deus é respeito, amor reverente. Deus não é um guarda cósmico, um xerife espiritual, a quem devemos temer a ponto de fugir e nos esconder. Eu não obedecia ao meu pai apenas por medo de castigo; obedecia porque o amava e o respeitava, e não queria vê-lo sofrendo com minha desobediência. Devemos respeitar Deus e amá-lo a ponto de termos liberdade de correr para seus braços!

HAVIA PRESENÇA DA INTERVENÇÃO EXTRAORDINÁRIA DE DEUS ... *e muitos prodígios e sinais eram feitos por intermédio dos apóstolos* (At 2.43). A manifestação extraordinária de Deus estava presente na vida da igreja apostólica. Vemos isso repetidas vezes:

a. Atos 3.6,7 – O paralítico é curado.
b. Atos 4.31 – O lugar onde a igreja ora, treme.
c. Atos 5.12,15 – Muitos sinais e prodígios são feitos.
d. Atos 8.6 – Filipe realiza sinais em Samaria.
e. Atos 9.1-19 – A conversão de Saulo é seguida da sua cura.
f. Atos 12.1-8 – A libertação de Pedro pelo anjo do Senhor.
g. Atos 16.19-34 – O terremoto em Filipos.
h. Atos 19.11 – Pelas mãos de Paulo, Deus fazia milagres.
i. Atos 28.8,9 – Pela oração de Paulo, Deus cura os enfermos de Malta.

Hoje há dois extremos na igreja: aqueles que negam os milagres e aqueles que inventam os milagres. É importante dizer que, embora devamos crer nos milagres, não podemos substituir o evangelho pelos milagres. As três gerações que mais viram milagres foram as mais incrédulas: a geração de Moisés, de Elias e dos apóstolos. O milagre abre o caminho para o evangelho, mas é o evangelho que é o poder de Deus para a salvação de todo aquele que crê.

Uma igreja que tem entusiasmo no culto

Destacamos três verdades importantes acerca da igreja de Jerusalém em relação ao culto.

A IGREJA TINHA PRAZER DE ESTAR NA CASA DE DEUS. *Diariamente perseveravam unânimes no templo...* (At 2.46). O culto era um deleite. Eles amavam a casa de Deus. Um dia nos átrios da casa de Deus vale mais que mil dias nas tendas da perversidade. Felizes são aqueles que podem habitar na casa do Senhor e meditar no seu santo templo. Uma igreja viva tem alegria de estar na casa de Deus para adorar. A comunhão no templo é uma das marcas da igreja ao longo dos séculos. É bem verdade que a adoração verdadeira não está circunscrita a um lugar, pois Deus é espírito e não habita em casas feitas por mãos humanas. Por outro lado, a reunião do povo de Deus, na casa de Deus, é uma prática saudável e necessária para o mútuo encorajamento e para testemunho ao mundo.

O LOUVOR DA IGREJA ERA CONSTANTE. *Louvando a Deus...* (At 2.47). Uma igreja alegre, canta. Os muçulmanos são hoje um grupo religioso de mais de 1 bilhão de adeptos. Eles não cantam. Uma igreja viva tem um louvor fervoroso, contagiante, restaurador, sincero, verdadeiro. A origem do louvor que agrada a Deus está no próprio Deus; tem o propósito de exaltar a Deus e como resultado produz quebrantamento nos corações. Hoje, vemos com preocupação os cultos se transformando em *shows* e os cantores sendo tratados como artistas. A verticalidade do culto está descambando para a horizontalidade. O culto não é para agradar a gostos e preferências. O culto não é para exaltar o homem nem para entreter as pessoas. O culto é centrado em Deus, segundo a verdade de Deus, para a glória de Deus.

A ALEGRIA DA IGREJA ERA ULTRACIRCUNSTANCIAL. ... *e tomavam suas refeições com alegria e singeleza de coração* (At 2.46). A igreja transbordava de alegria. Vemos isso de forma particular em três ocasiões:

a. Atos 5.40-42 – Os apóstolos são açoitados pelo Sinédrio e retiram-se, regozijando-se por terem sido considerados dignos de sofrer afrontas pelo nome de Jesus.

b. Atos 6.15 – Estêvão na hora da morte vê Jesus, e seu rosto transfigura-se como rosto de anjo.

c. Atos 13.52 – Os discípulos em Antioquia da Pisídia, mesmo perseguidos, transbordavam de alegria e do Espírito Santo. Essa era uma igreja que misturava o sofrimento com adoração.

Uma igreja que valoriza a comunhão

Dois fatos devem ser aqui destacados.

OS CRENTES TINHAM PRAZER DE ESTAR JUNTOS. ... *e perseveravam na comunhão* [...] *Todos os que creram estavam juntos* [...] *partiam pão de casa em casa...* (At 2.42,44,46). Todos estavam juntos. Partiam o pão de casa em casa. Eles se reuniam no templo e também nos lares, e isso com frequência. Onde desce o óleo do Espírito, aí há união entre os irmãos; aí ordena o Senhor a sua bênção e a vida para sempre (Sl 133.1-3). Cessam as brigas, as contendas; brota o perdão e a cura.

OS CRENTES ERAM SENSÍVEIS À CONDIÇÃO DOS NECESSITADOS. ...*Tinham tudo em comum* [...]. *Vendiam suas propriedades e bens, distribuindo o produto entre todos, à medida que alguém tinha necessidade* (At 2.44,45). Os crentes converteram o coração e o bolso. Havia desapego aos bens e apego às pessoas. Aqueles que foram alcançados pela graça salvadora de Deus encarnaram a graça da contribuição. Quem não ama seu irmão, não pode amar a Deus. O amor prático é a evidência do verdadeiro discipulado. Não somos conhecidos por aquilo que falamos, mas por aquilo que fazemos.

Uma igreja que produz impacto na sociedade

Dois fatos podem ser aqui verificados.

PELO ESTILO DE VIDA, A IGREJA CONTAVA COM A SIMPATIA DE TODO O POVO. ... *e contando com a simpatia de todo o povo...* (At 2.47). A igreja era comprometida com a verdade, mas não legalista. A igreja era santa, mas não farisaica; piedosa, mas não santarrona. Os crentes eram alegres, festivos e íntegros. Sua alegria era contagiante, por isso eles contagiavam as pessoas. O estilo de vida da igreja impactava a sociedade. Pela graça de Deus, eles se tornaram melhores maridos, melhores esposas, melhores filhos, melhores pais, melhores estudantes, melhores profissionais.

PELA AÇÃO SOBERANA DE DEUS, A IGREJA EXPERIMENTAVA CRESCIMENTO NUMÉRICO DIÁRIO. ... *enquanto isso, acrescentava-lhes o Senhor, dia a dia, os que iam sendo salvos* (At 2.47). Com respeito ao crescimento da igreja, temos hoje dois extremos:

numerolatria e numerofobia. Buscar número a qualquer preço é cair nas malhas do pragmatismo e abandonar o verdadeiro evangelho. Criar mecanismos de fuga para justificar a preguiça e a omissão na obra é abandonar o compromisso com o evangelho. A verdade dos fatos é que qualidade gera quantidade. A igreja de Jerusalém vivia com Deus e fazia a obra de Deus. Por isso, crescia em número. A igreja crescia diariamente. A igreja crescia por adição de vidas salvas. A igreja crescia por ação divina.

Vejamos o crescimento da igreja:
- Atos 1.15 – 120 membros
- Atos 2.41 – 3 mil membros
- Atos 4.4 – 5 mil membros
- Atos 5.14 – Uma multidão é agregada à igreja
- Atos 6.17 – O número dos discípulos é multiplicado
- Atos 9.31 – A igreja se expande para a Judeia, Galileia e Samaria
- Atos 16.5 – Igrejas são estabelecidas e fortalecidas no mundo inteiro

Se quisermos descobrir o segredo de uma igreja poderosa, precisaremos voltar para o livro de Atos. Precisaremos investigar como a igreja apostólica viveu e por que ela cresceu. Deus não mudou. Seus métodos não mudaram. Cabe-nos voltar a esses mesmos princípios e a eles obedecer!

2
Uma igreja modelo

A igreja de Tessalônica tornou-se uma igreja modelo em toda a região da Macedônia. Em apenas três semanas na Tessalônica, o apóstolo Paulo plantou essa igreja, que floresceu e espalhou sua influência para outras províncias, apesar da amarga perseguição enfrentada.

Vamos ver as marcas dessa igreja. Seus atributos são luzeiros que devem clarear a caminhada da igreja ainda hoje. A igreja de Tessalônica é uma igreja modelo.

ERA UMA IGREJA DO POVO. Paulo não se dirige à igreja em Tessalônica, mas à igreja dos tessalonicenses. A igreja não é um prédio ou uma instituição em determinada cidade, mas um povo, o povo que recebe Cristo como Senhor. Paulo também não se dirige apenas a um grupo dentro da igreja, mas a toda a igreja. Na igreja de Deus todos são importantes.

ERA UMA IGREJA ESTABELECIDA EM DEUS. A igreja estava em Deus Pai e no Senhor Jesus Cristo. A igreja não tem vida própria. Vive em Deus. Depende de Deus e caminha para Deus. O próprio Deus é a verdadeira atmosfera em que a igreja vive, se move e existe. Assim como o ar está em nós e nós estamos no ar, e não podemos viver sem ele, assim também a igreja verdadeira está em Deus e Deus está na igreja verdadeira; para a verdadeira igreja, não há vida sem Deus. Consequentemente, uma igreja que não está estabelecida em Deus Pai e no Senhor Jesus Cristo não é uma verdadeira igreja. Uma organização eclesiástica pode parecer igreja, pode agir como igreja, pode falar como igreja, mas, se esse fundamento está faltando, então não é igreja.

Gratidão pela igreja

A igreja de Tessalônica, embora nova na fé, possuía as marcas da maturidade cristã. Possuía as três virtudes cardeais da vida cristã: fé, amor e esperança (1Co 13.13). Quanto ao passado, estava firmada na verdade, pois tinha colocado sua fé em Deus e agora trabalhava para ele. Quanto ao presente, estava envolvida no amor a Deus e ao próximo. Quanto ao futuro, alimentava-se da expectativa da segunda vinda de Cristo.

Vamos destacar essas três virtudes cardeais.

A FÉ PRODUZ OBRAS. Quando uma pessoa crê verdadeiramente em Jesus, ela se torna operosa no Reino de Deus. Onde quer que exista uma fé verdadeira, encontraremos obra, pois a fé sem obras é morta (Tg 2.14). A salvação conduz ao serviço. Quanto mais robusta é a fé de um povo em Cristo, mais dedicado é o seu trabalho para ele. A palavra traduzida por "operosidade" é *ergon*, trabalho ativo ou todo o trabalho cristão governado e energizado pela fé.

O AMOR PRODUZ SERVIÇO INTENSO. O termo usado por Paulo para "abnegação" é *kópos*, "trabalho exaustivo, labor". A palavra denota o trabalho árduo e cansativo, que envolve suor e fadiga. Enfatiza o cansaço que decorre da utilização de todas as energias de uma pessoa. Evidenciamos o nosso amor a Cristo por aquilo que fazemos para ele. Demonstramos amor ao próximo não apenas com palavras, mas com atitudes concretas de serviço.

A ESPERANÇA PRODUZ PACIÊNCIA TRIUNFANTE. A igreja de Tessalônica tinha os pés na terra, mas os olhos no céu. Servia no mundo, mas aguardava a glória do céu. Sua esperança não era vaga, mas firme. A palavra que Paulo usou para "firmeza" é uma das mais ricas da língua grega. É palavra grega *hupomone*, que significa paciência triunfadora. *Hupomone* é o espírito que suporta as coisas, não com mera resignação, mas com viva esperança. É o espírito que suporta as coisas porque sabe que elas estão a caminho de um alvo de glória.

Uma prova irrefutável

A igreja de Tessalônica era amada e eleita por Deus. Pelo seu testemunho, dava provas da sua eleição. A eleição precisa ser confirmada. Consequentemente, é possível saber se estamos incluídos nesse propósito e decreto eterno da eleição de Deus. Nenhum crente deveria ter garantia da sua eleição sem evidenciar uma nova vida em Cristo. A eleição não é um estímulo ao comodismo, mas uma razão imperativa para a santidade. Somos eleitos para a santidade (Ef 1.4). Somos eleitos para a obediência (1Pe 1.2). Somos eleitos para a fé (At 13.48). Somos eleitos pela fé na verdade e santificação do Espírito (2Ts 2.13).

A eleição é uma verdade revelada nas Escrituras. Seis vezes em João 17, Jesus se refere aos cristãos como aqueles que o Pai lhe deu (17.2,6,9,11,12,24). Paulo declara sua certeza de que os tessalonicenses haviam sido escolhidos por Deus (1.4).

A eleição é um ato da livre escolha divina, por meio da qual Deus, de forma livre, eterna e soberana, nos escolheu em Cristo para a salvação. A eleição desemboca numa vida santa. Não é uma desculpa para o pecado, mas um estímulo à obediência. A eleição deve ser evidenciada com humildade, e não manifestada com arrogância. A Palavra de Deus é meridianamente clara quando fala sobre a eleição:

1. A eleição é desde a eternidade (Ef 1.4,5).
2. A eleição se torna evidente na vida (1Ts 1.4).
3. A eleição é soberana e incondicional (2Tm 1.9).
4. A eleição é em Cristo (Ef 1.4).
5. A eleição é para a salvação (Cl 3.12-17).
6. A eleição é para uma vida santa e irrepreensível (Ef 1.4).
7. A eleição é mediante a fé na verdade e santificação do Espírito (2Ts 2.13).
8. A eleição é imutável e eficaz (Rm 8.30).
9. A eleição tem como fim principal a glória de Deus (Ef 1.4-6).

Um impacto inegável

O apóstolo Paulo denomina o evangelho de Cristo como seu evangelho. Isso devido a sua identificação e a seu compromisso com ele. Esse evangelho chegou à igreja de Tessalônica de três formas gloriosas.

CHEGOU EM PALAVRAS. O apóstolo usou métodos inteligentes para apresentar Jesus por meio das Escrituras. Ele arrazoou, expôs, demonstrou e anunciou (At 17.2,3). Todos esses métodos foram endereçados ao entendimento dos tessalonicenses. No entanto, Paulo não dependeu de sua própria habilidade, eloquência e sabedoria. Sua pregação não foi meramente uma declamação, uma retórica vazia e sem coração. A pregação de Paulo não era um mero discurso.

CHEGOU EM PODER, NO ESPÍRITO SANTO. A palavra utilizada por Paulo para "poder", *dynamis*, é usada geralmente para denotar a energia divina. Pregar em poder, portanto, significa pregar na força e energia do próprio Deus. O evangelho não consiste em meras palavras. Palavras humanas seriam inúteis se a mensagem não fosse dada em poder. O evangelho é o poder de Deus que trabalha no coração do homem. Havia dinamite (*dynamis*) espiritual na mensagem, explosivo suficiente para demolir os ídolos (1Ts 1.9). A dinamite do Espírito é diferente da dinamite física, pois, se esta se limita a operações destrutivas, aquela é também construtiva.

Paulo estava convencido de que nenhum método era por si suficiente para alcançar os corações. O apóstolo dependia totalmente do poder do Espírito Santo em sua pregação. Não considerava o uso da razão algo contrário à ação do Espírito. Usava os melhores métodos e se esmerava na preparação da mensagem, mas confiava totalmente no poder do Espírito para aplicar a mensagem. Se não houver poder, não haverá pregação. É conhecida a expressão de Martyn Lloyd-Jones de que a verdadeira pregação consiste na atuação de Deus. A pregação é lógica pegando fogo. É teologia em chamas. A pregação é a teologia que extravasa de um homem em chamas.

Paulo pregava aos ouvidos e aos olhos. Ele falava e demonstrava. Tinha palavra e também poder. Sua mensagem falada era acompanhada por ações milagrosas vistas como a confirmação divina da palavra (Gl 3.5; 1Co 1.6,7; 2Co 12.12; Rm 15.18,19; Hb 2.3,4).

CHEGOU EM PLENA CONVICÇÃO. Paulo tinha plena convicção do poder da mensagem que anunciava. A convicção é um efeito imediato da presença e do poder do Espírito no coração dos embaixadores. A referência aqui é à plena convicção dos missionários à medida que pregavam a Palavra. Paulo sabia que algo estava acontecendo, tinha consciência disso. Ninguém pode ser cheio do Espírito Santo sem saber o que está acontecendo. Martyn Lloyd-Jones, um dos príncipes do púlpito evangélico, escreve:

> Esse enchimento do Espírito Santo propicia clareza de pensamento, clareza e facilidade de expressão, um profundo senso de autoridade e confiança na pregação, além da certeza de um poder vindo do exterior, que se manifesta ardentemente por todo o nosso ser, com um senso indescritível de alegria. Tornamo-nos homens "possuídos", dominados, controlados [...]. Nada provém de nosso próprio esforço; somos um mero instrumento, um canal, um veículo; o Espírito nos usa e contemplamos tudo com grande júbilo e admiração. Nada existe que ao menos possa começar a comparar-se a isso.[1]

Uma imitação grandiosa

Algumas verdades importantes merecem ser destacadas.

A IGREJA DOS TESSALONICENSES IMITOU O MODELO CERTO (1Ts 1.6). A igreja de Tessalônica imitou os missionários e o Senhor Jesus (1Co 11.1). O termo "imitadores", *mimetai* (de onde vem a nossa palavra "mímica"), descreve alguém que imita outra pessoa, particularmente para seguir seu exemplo ou ensino. A igreja de Tessalônica recebeu não apenas

---

[1] LLOYD-JONES, D. Martyn. *Pregação e pregadores*. São José dos Campos: Fiel, 1991, p. 238-239.

as boas-novas do evangelho, mas também uma nova vida em Cristo. Ela abraçou não apenas informação, mas também transformação. Tinha não apenas uma boa teologia, mas também uma nova ética.

A IGREJA DOS TESSALONICENSES RECEBEU A MENSAGEM CERTA (1Ts 1.6b). A igreja de Tessalônica recebeu "a Palavra" mesmo sob um forte clima de hostilidade e perseguição. A igreja nasceu saudável porque sua fé foi estribada numa base certa; a semente cresceu e frutificou porque nasceu de um solo fértil. Hoje, muitas igrejas nascem doentes porque recebem palavras de homens, e não a Palavra de Deus. São alimentadas com o farelo das doutrinas humanas, e não com o trigo da verdade divina. Os púlpitos estão pobres e as almas estão famintas. Nos púlpitos existe pouco de Deus e muito do homem. O evangelho da graça, como pão nutritivo de Deus, está sendo retido do povo e, em lugar dele, os pregadores estão dando uma sopa rala à igreja. Muitos púlpitos já abandonaram a pregação fiel e muitos pregadores já se renderam ao pragmatismo, buscando mais os aplausos dos homens que a glória de Deus; mais o lucro que a salvação; mais a prosperidade que a piedade.

A IGREJA DOS TESSALONICENSES TEVE A REAÇÃO CERTA (1Ts 1.6c). A igreja de Tessalônica recebeu a Palavra, em meio a muita tribulação, mas com alegria do Espírito Santo. A igreja de Tessalônica não ficou escandalizada nem decepcionada com Deus por causa das tribulações. Ela não perdeu a alegria por causa das perseguições. Hoje, há muitos obreiros fraudulentos que pregam um falso evangelho, prometendo às pessoas um evangelho sem cruz, sem dor, sem renúncia, sem sofrimento. O poder do evangelho está não apenas em nos livrar das tribulações, mas em nos dar poder para enfrentá-las vitoriosamente.

A IGREJA DOS TESSALONICENSES TORNOU-SE UM MODELO CERTO (1Ts 1.7). Os imitadores tornam-se exemplos. Quem não é imitador não pode tornar-se exemplo. A igreja não apenas seguiu o exemplo de Cristo e dos missionários, mas também se tornou exemplo para os demais crentes. A palavra usada por Paulo para "modelo", *typos,* significa marca visível, cópia, imagem, padrão, arquétipo, e, por conseguinte, exemplo. Originariamente a palavra denotava a marca deixada por um golpe. Depois foi usada num sentido ético de padrão de conduta, porém, mais comumente, como aqui, de exemplo a ser seguido. Trata-se daquilo que deixa uma impressão desejável. Os crentes tessalonicenses eram a "impressão" de Cristo. A palavra "modelo" também significa molde, ou a impressão feita por um carimbo. No sentido de "exemplo", pode significar não apenas um exemplo que outros devem seguir, como também um padrão que os influencia.

A igreja de Tessalônica aprendeu e depois passou a ensinar. Tornou-se fonte de inspiração para os crentes da sua província, a Macedônia, no norte da Grécia, e também para os crentes da província da Acaia, no sul da Grécia. A igreja de Tessalônica inspirou pessoas da sua região e de lugares mais distantes. Tornou-se um luzeiro perto e também uma luz para os povos mais distantes.

Uma influência auspiciosa

Destacamos aqui três preciosas verdades.

UMA REPERCUSSÃO ABRANGENTE (1Ts 1.8). Os crentes de Tessalônica eram tanto receptores (1Ts 1.5) quanto transmissores (1Ts 1.8) do evangelho. A vida e o exemplo da igreja de Tessalônica repercutiram não apenas nas províncias da Macedônia

Uma igreja modelo

e da Acaia, mas por outras paragens além-fronteiras. Por ser uma cidade comercial e estar na rota da Via Egnátia, pessoas iam e vinham todos os dias a Tessalônica, a capital da província da Macedônia.

A palavra empregada por Paulo para descrever o verbo "repercutiu", *eksechetai,* significa soar como uma trombeta. Esta palavra deriva de *eksecheo,* que significa "fazer ressoar", "repercutir" como um sino que faz todos ouvirem seu sonido forte. O termo grego *eche* significa "som", como o ruído do mar, um barulho tumultuoso, como o de uma multidão. Dessa palavra vem o vocábulo moderno "eco". Assim, o evangelho ecoou por todo o Império Romano através da igreja de Tessalônica. O termo encerra a ideia de um arco parabólico ou uma caixa de som que reforça os sons e os transmite em várias direções. Sugere ainda um ecoar como o de trovão ou o soar de uma trombeta. A palavra indica que um som é ouvido, a partir de um local central, numa grande área em derredor. Como o verbo está no tempo perfeito, denota uma atividade continuada do som. Os próprios cristãos tessalonicenses foram uma espécie de caixa acústica por meio da qual o evangelho se disseminou ao derredor.

UMA CONVERSÃO EVIDENTE (1Ts 1.9a). A conversão é composta por dois elementos: arrependimento e fé. O arrependimento envolve razão, emoção e vontade. O verdadeiro arrependimento é mudança de mente, tristeza pelo pecado segundo Deus e mudança de conduta. A fé, por sua vez, é uma volta para Deus em total confiança em quem ele é e no que fez em Cristo. Assim, os crentes de Tessalônica demonstraram arrependimento quando deixaram seus ídolos e revelaram fé quando passaram a servir ao Deus vivo. Isso é verdadeira conversão!

A vasta maioria dos membros da igreja de Tessalônica era egressa do paganismo grego. Os gregos e os romanos tinham muitos deuses. O monte Olimpo, cujo famoso pico era considerado a morada dos deuses, localizava-se perto dali, uns 80 quilômetros a sudoeste da cidade. E, conforme a tradição, quando Zeus sacudia sua divina cabeleira cacheada, aquela grande montanha tremia. Os membros da igreja abandonaram seus ídolos e passaram a adorar e a servir ao Deus vivo. Romperam com a idolatria e se converteram ao Senhor. Seus olhos foram abertos. Eles deixaram seus ídolos vãos e se voltaram para o Deus real. Seus ídolos eram imagens mortas, mas Deus, a quem eles se converteram, é a fonte da vida. Seus ídolos eram irreais, mas Deus é real e verdadeiro. Seus ídolos eram impotentes, incapazes de ajudar e socorrer, mas Deus é todo-poderoso e socorro no dia da angústia.

Quando as Escrituras fazem referência ao Deus vivo, ressaltam não apenas que Deus está vivo, mas também a todos dá vida, tanto a vida da criação quanto a nova vida da redenção.

UM SERVIÇO DILIGENTE (1Ts 1.9b). Os tessalonicenses abandonaram os ídolos e se converteram a Deus não para viverem sem compromisso, mas para servirem ao Deus vivo e verdadeiro. Eles abraçaram uma fé operosa. Envolveram-se desde o começo, tornando-se uma igreja modelo, uma igreja que fez reverberar a voz do evangelho por todo o mundo conhecido da época.

Uma expectativa gloriosa

Antes de Paulo chegar até aos tessalonicenses com o evangelho, eles eram pessoas sem esperança "e sem Deus no mundo" (Ef 2.12). Mas, agora, receberam uma viva esperança. Três verdades são destacadas pelo apóstolo Paulo.

A EXPECTATIVA DA SEGUNDA VINDA DE CRISTO (1Ts 1.10a). Não se deve perder de vista o pleno impacto do verbo "aguardar". Significa esperar feliz, com paciência e confiança. Não significa apenas crer que Jesus vai voltar. Significa estar preparado para a sua volta. Quando aguardamos certo visitante, já deixamos tudo pronto para sua chegada. Preparamos o quarto de hóspedes, a agenda de atividades, nosso horário disponível e nossas outras obrigações, tudo para deixar inteiramente à vontade a pessoa que nos visita. Da mesma forma, aguardar o Filho de Deus que virá dos céus implica um coração e uma vida santificada. Não esperamos "sinais", mas, sim, o Salvador. A doutrina mais enfatizada nesta carta de Paulo aos tessalonicenses é a segunda vinda de Cristo. Eles aguardavam a volta iminente do Senhor Jesus. Alimentavam-se dessa bendita esperança. Seus olhos estavam nos céus, de onde o Senhor virá. O cristão é chamado a servir no mundo e a esperar a glória.

Paulo usa o termo *anamenein* para descrever o verbo "aguardar", "esperar". O pensamento-chave aqui parece ser o de esperar por alguém cuja vinda foi anunciada, talvez com a ideia adicional de paciência e confiança. O tempo presente aponta para a espera contínua. A iminente volta do Senhor Jesus é a esperança do cristão. Essa verdade está fartamente documentada no Novo Testamento (Lc 12.36; Rm 8.23; 1Co 11.26; 2Co 5.2; Gl 5.5; Fp 4.5; Tt 2.13; Hb 9.28; Tg 5.7-9; 1Pe 4.7; 1Jo 3.3; Ap 3.11; 22.7,12,20).

A BASE PARA A EXPECTATIVA DA SEGUNDA VINDA DE CRISTO (1Ts 1.10b). A igreja de Tessalônica esperava a segunda vinda de Cristo porque tinha a convicção de que Deus o havia ressuscitado dentre os mortos. A esperança da segunda vinda seria totalmente vazia e desprovida de sentido sem o fato da ressurreição. Cristo morreu, ressuscitou, venceu a morte, retornou ao céu; por isso, vai voltar. Se Deus ressuscitou Jesus dentre os mortos, segue-se que ele agora está onde Deus está, a saber: nos céus. O Deus que o ressuscitou pode trazê-lo de volta à terra para seu povo, e o fará.

O LIVRAMENTO QUE A IGREJA TERÁ NA SEGUNDA VINDA DE CRISTO (1Ts 1.10c). Para aqueles que estiverem despreparados, a segunda vinda de Cristo será um dia de trevas, e não de luz; de desespero, e não de esperança; de juízo, e não de salvação. Para a igreja que se converteu, que abraçou o evangelho, que se tornou modelo e irradiou sua bendita influência, não existe mais condenação. A igreja é libertada da ira vindoura quando crê. Não há mais temor quanto ao futuro. Não há mais condenação para os que estão em Cristo (Rm 8.1). A morte de Cristo foi o meio usado por Deus para livrar os homens da ira (1Ts 4.9,10).

A ira de Deus não é orgulho ferido nem uma explosão de fúria caprichosa. Não é a emoção descontrolada de uma pessoa zangada. Ao contrário, a ira de Deus é uma justa reação diante da maldade. A ira de Deus sempre é dirigida contra o mal e nunca arbitrária e sem princípios.

Minha oração é que as marcas dessa igreja que nasceu num parto de dor, mas cresceu vigorosamente e fez ecoar a mensagem do evangelho em todo o mundo, possa ainda hoje inspirar novas igrejas a se voltarem para Deus e a realizar a obra de Deus com alegria, na dependência e no poder do Espírito Santo.

3
Uma igreja restaurada

A igreja de Deus não é uma coisa nova. Não está circunscrita apenas ao Novo Testamento. Deus sempre teve um só povo, uma só família, uma só igreja. Israel era o povo de Deus na antiga dispensação. Agora, Deus formou um só corpo, judeus e gentios. Por isso, vamos olhar para essa igreja da antiga dispensação e ver o agir de Deus em seu meio.

As prioridades do povo judeu que havia voltado do cativeiro da Babilônia estavam erradas: eles estavam correndo atrás de suas próprias casas e esquecendo-se da casa de Deus (Ag 1.9). O discernimento do povo estava confuso. Eles faziam uma leitura errada do tempo e das oportunidades. Pensavam que ainda não havia chegado o tempo de reconstruir a casa de Deus (Ag 1.2). A leitura que o povo fazia do passado estava desfocada. Não havia satisfação espiritual nas suas realizações: eles semeavam muito e colhiam pouco, comiam e não se fartavam, bebiam e não se saciavam, vestiam-se e não se aqueciam, recebiam salário e o colocavam num saco furado (Ag 1.6-9). Apesar de tudo isso, permaneciam paralisados espiritualmente.

O povo egresso do cativeiro também fez uma leitura errada das circunstâncias. Depois de receberem permissão do rei Ciro para voltar à sua terra e provisão para reconstruir o templo

(Ed 1.1-4), tiveram algumas dificuldades. A primeira delas foi a extrema miséria e o opróbrio em que se encontravam a cidade e os que lá ficaram (Ne 1.3). A segunda foi a oposição amarga dos samaritanos depois que foram descartados como parceiros da reconstrução (Ed 4.1-23). A terceira foi o decreto de Artaxerxes ordenando paralisar a obra de reconstrução (Ed 4.24). A confluência desses fatores levou os judeus a abandonarem o projeto da reconstrução. É nesse contexto que Ageu se levanta para exortar o povo, denunciar seus pecados e encorajar os israelitas a realizarem a obra.

A resposta do povo à Palavra de Deus foi pronta e imediata (Ag 1.12). Três fatos merecem destaque.

A RESPOSTA À PALAVRA DE DEUS COMEÇA PELA LIDERANÇA (Ag 1.12). Zorobabel e Josué, o governador e o sumo sacerdote, o poder civil e o poder religioso, deram exemplo e foram os primeiros a dar guarida à Palavra de Deus. Os líderes precisam ser o exemplo e dar o primeiro passo. Precisam ser modelo para o povo. Quando a liderança acerta sua vida com Deus, os liderados seguem seus passos. Se, por um lado, a vida do líder é a vida da sua liderança, por outro, os pecados do líder são os mestres do pecado. O líder é um influenciador. Ele influencia sempre – para o bem ou para o mal. Zorobabel e Josué foram líderes que influenciaram para o bem.

A atitude de Zorobabel e de Josué é bem diferente da atitude do rei Jeoaquim. Baruque leva uma mensagem de Jeremias aos oficiais do rei. Jeudi, impressionado, pega o rolo da profecia e vai lendo diante do rei. Qual o resultado? *E havendo Jeudi lido três ou quatro colunas, o rei as cortava com o canivete do escrivão, e as lançava no fogo que havia no braseiro, até que todo o rolo se consumiu no fogo que estava sobre o braseiro* (Jr 36.23).

A insolência de Jeoaquim atraiu o juízo de Deus sobre ele (Jr 36.30,31). O povo foi para o cativeiro porque sua liderança se recusou a dar ouvidos à Palavra de Deus.

Agora, os líderes ouvem e atendem a voz de Deus ... *e todo o resto do povo atendeu à voz do* SENHOR... (1.12). O amor do povo pelas coisas de Deus não excederá em muito o amor demonstrado pelos seus líderes.

A RESPOSTA À PALAVRA DE DEUS MANIFESTA-SE ATRAVÉS DA OBEDIÊNCIA. ... *e todo o resto do povo atendeu à voz do* SENHOR, *seu Deus, e às palavras do profeta Ageu, as quais o* SENHOR, *seu Deus, o tinha mandado dizer*... (Ag 1.12). A maioria dos comentaristas entende que o resto do povo é o remanescente, junto com os líderes, ou seja, o pequeno grupo que voltou do cativeiro babilônico.

Quando a liderança obedece a Deus, os liderados seguem seus passos. Quando o povo viu os líderes atendendo à voz de Deus, também se dispôs prontamente a obedecer. Obedecer é a única evidência de que alguém de fato ouviu a voz de Deus. Somente depois de obedecer é que alguém pode dizer que escutou a voz do Senhor. A obediência à sua Palavra é o que Deus mais espera do seu povo. Deus diz por intermédio do profeta Samuel: *Tem, porventura, o* SENHOR *tanto prazer em holocaustos e sacrifícios, como em que se obedeça à voz do* SENHOR? *Eis que o obedecer é melhor do que o sacrificar, e o atender, do que a gordura de carneiros* (1Sm 15.22).

A pregação de Ageu produziu resultados imediatos e eficazes. A pregação que não suscita reações é inútil. A pregação deve produzir efeitos. Poucas vezes nos anais dos profetas uma mensagem tão breve recebeu tão favorável e inopinada resposta. Fé não é crer apesar das evidências; é obedecer apesar das consequências.

A RESPOSTA À PALAVRA DE DEUS PELA REVERÊNCIA. ... *e o povo temeu diante do SENHOR* (Ag 1.12). A falta de temor ao Senhor havia levado o povo ao cativeiro e agora o desviava da obra. Mas o temor o fez voltar para Deus e o levou a tocar a obra de Deus. É impossível ouvir a Deus sem temê-lo. É impossível temer a Deus sem obedecer-lhe.

Foi o falta de temor a Deus que produziu o relaxamento. Onde não há temor a Deus, a vida espiritual é decadente. Neemias, o grande líder da reconstrução dos muros de Jerusalém, declarou que não oprimira o povo *por causa do temor do SENHOR* (Ne 5.15). Um conceito inferior de Deus esposado por muitos crentes é responsável pelo baixo nível espiritual de tantas igrejas em nossos dias. A falta de temor a Deus desemboca em decadência espiritual.

Depois que o povo de Deus atendeu à sua voz com obediência e humilde reverência, o profeta voltou a falar ao povo, dando-lhe palavras de ânimo e encorajamento. Vamos, agora, examinar essas mensagens.

A promessa de Deus ao povo

A voz de Deus é poderosa e traz encorajamento. Duas verdades merecem destaque.

DEUS FALA AO POVO POR INTERMÉDIO DE SEU PROFETA. *Então, Ageu, o enviado do SENHOR, falou ao povo, segundo a mensagem do SENHOR...* (Ag 1.13). Ageu é o enviado do Senhor. Ele não entrega ao povo uma mensagem sua, mas fala *segundo a mensagem do SENHOR*. O profeta não é a fonte da mensagem. Ele não cria a mensagem; apenas a transmite. A mensagem não é do profeta; é de Deus por intermédio do profeta. O profeta é o instrumento e o canal, e não o reservatório de onde emana a mensagem. O profeta de Deus deve ser escravo da Palavra de Deus. Seu lema deve ser o de Micaías: *O que o SENHOR me disser, isso falarei* (1Rs 22.14).

Ageu é um enviado do Senhor, e não um profeta da conveniência. Ele não prega o que o povo quer ouvir, mas o que Deus o mandou falar. Não dá ao povo a palha seca de seus sonhos, mas o trigo nutritivo da Palavra de Deus. Não prega para encorajar o povo a buscar prosperidade e riqueza, mas para denunciar sua ânsia por conforto e luxo. Não prega para acalmar-lhes a consciência adormecida, mas para acicatar-lhes a alma com o aguilhão da verdade. Ageu não prega amenidades, mas a verdade absoluta. Ele não é um alfaiate do efêmero, mas um escultor do eterno.

DEUS FORTALECE O POVO ATRAVÉS DE SUA PRESENÇA. *...dizendo: Eu sou convosco, diz o SENHOR* (Ag 1.13). A cidade de Jerusalém fora entregue nas mãos de seus inimigos, porque o povo havia abandonado o SENHOR (Lm 1.15). A glória de Deus deixara a cidade e o templo. A presença de Deus não estava mais com eles. O povo foi entregue nas mãos de seus inimigos. O cativeiro tornou-se inexorável. Setenta anos se passaram. O cativeiro havia chegado ao fim. O remanescente havia voltado para reconstruir o templo. Mas o ânimo inicial para a obra tinha acabado. O povo estava cuidando de embelezar suas próprias casas, enquanto a casa do Senhor estava em ruínas. Tão logo, porém, a voz de Deus soou em seus ouvidos, por intermédio de Ageu, o povo demonstrou arrependimento. Imediatamente, então, Deus o restaurou e o confortou com sua presença.

A presença de Deus conosco é a maior necessidade, o maior refúgio e o maior estímulo para realizarmos sua obra. Tão logo o povo se voltou para Deus, Deus se voltou para o povo. Tão logo ele se humilhou e obedeceu, Deus se tornou favorável a ele e o fortaleceu com sua presença. O problema do povo não era a presença dos inimigos nem a enormidade dos obstáculos, mas a ausência de Deus. Se Deus está conosco, nenhum problema pode deter os nossos passos. O apóstolo Paulo pergunta: *Se Deus é por nós, quem será contra nós?* (Rm 8.31).

A presença de Deus é a melhor das bênçãos, porque inclui todas as outras. Moisés se recusou a prosseguir em caminhada com o povo pelo deserto sem a presença de Deus (Êx 33.15). Josué e Calebe encorajaram o povo a tomar posse da terra prometida, dizendo que Deus era com eles (Nm 14.9). Os discípulos de Jesus, antes de serem comissionados a fazer discípulos no mundo inteiro, receberam uma poderosa palavra de estímulo: *... e eis que estou convosco todos os dias até à consumação dos séculos* (Mt 28.20).

O despertamento de Deus a seu povo

Três verdades nos chamam a atenção neste texto.

DEUS TRABALHA EM NÓS ANTES DE TRABALHAR *por nosso intermédio*. *O SENHOR despertou o espírito de Zorobabel, filho de Salatiel, governador de Judá, e o espírito de Josué, filho de Jozadaque, sumo sacerdote, e o espírito do resto de todo o povo...* (Ag 1.14). O Eterno deu ânimo e coragem aos dois líderes. O impacto do ânimo divino não ficou apenas no coração. Desceu às mãos. Antes de Deus trabalhar por nosso intermédio, ele trabalha em nós. Na verdade é o próprio Deus quem faz a sua obra por nosso intermédio. Deus é o agente; nós somos apenas os instrumentos. Um planta, outro rega, mas só Deus pode dar o crescimento. Deus é quem opera em nós tanto o querer quanto o realizar (Fp 2.13). O impacto da pregação de Ageu foi tal que todos, unanimemente, decidiram retomar o trabalho no templo, mas de forma alguma isso lhe foi creditado. O Senhor o fizera.

UM POVO MOTIVADO DEMONSTRA ENTUSIASMO COLETIVO.
... *eles vieram e se puseram ao trabalho*... (Ag 1.14). Quando Deus despertou o espírito da liderança e dos liderados, todos se ergueram para o trabalho. O que faltava era motivação e entusiasmo. Um povo motivado é um povo ativo. Um povo despertado por Deus é um povo dinâmico e operoso. Onde falta entusiasmo e motivação, há acomodação espiritual, e cada um começa a correr atrás de seus interesses apenas.

Na construção do segundo templo, todos colocaram mãos à obra. Os líderes na frente e, em seguida, todo o povo. O trabalho é grande e precisa da participação de todos. Hoje, infelizmente, cerca de 20% dos membros realizam a obra enquanto os demais assistem. Precisamos saber que somos um corpo no qual cada membro tem sua função. Somos uma família na qual cada um exerce o seu papel. Somos um exército no qual cada soldado tem seu campo de luta. Somos construtores do santuário de Deus em que cada um deve trabalhar com zelo e alegria!

UM POVO DESPERTADO POR DEUS ENGAJA-SE NA OBRA DE DEUS. ... *eles vieram e se puseram ao trabalho na Casa do SENHOR dos Exércitos, seu Deus, ao vigésimo quarto dia do sexto mês* (Ag 1.14,15). A casa de Deus havia sido abandonada por mais de quinze anos. Os fundamentos tinham sido lançados, mas a casa ainda estava sem teto. Os escombros, os obstáculos, a oposição e o edito do rei persa jogaram uma pá de cal na disposição do povo. Porém, ao ouvirem a voz de Deus, todos se encheram de entusiasmo e se puseram ao trabalho na casa do Senhor. A reedificação do templo é o centro de interesse ao redor do qual gira tudo que Ageu pregou.

Só ao obedecer ao Senhor o povo pode chamar-lhe *seu Deus* (1.14). Eles não tinham o direito de chamar-lhe de "seu Deus" enquanto não começassem a escutá-lo e se achegassem a ele.

Vinte e quatro dias após a mensagem do Senhor ter sido transmitida ao povo pela instrumentalidade de Ageu, a obra da reconstrução do templo se iniciou. Essas três semanas decorridas não indicam uma demora em responder ao desafio lançado; foram, antes, o tempo necessário para planejamento e organização. O material tinha de ser reunido (1.8), e técnicos competentes precisavam ser contratados (Ed 3.7).

O encorajamento de Deus ao povo

Começa aqui a segunda mensagem de Ageu. Seu propósito é incentivar os judeus mais idosos que tinham visto a grandeza do primeiro templo a cobrar ânimo para a reconstrução do segundo templo. Ageu usou especialmente três fatos para encorajá-los:

a. A aliança do Senhor com Israel continua de pé (2.5).
b. O Espírito de Deus ainda permanece com eles (2.5).
c. O rei prometido voltará em glória e poder (2.6-9).

Essas são as três coisas que devem também nos inspirar: a aliança, a presença do Espírito e a volta prometida do Rei.

Vamos examinar mais detidamente a passagem em tela, destacando três solenes verdades.

DEUS FALA AO POVO NUMA OCASIÃO ESPECIAL. Assim registram as Escrituras:

Uma igreja restaurada

> *No segundo ano do rei Dario, no sétimo mês, ao vigésimo primeiro do mês, veio a palavra do* SENHOR *por intermédio do profeta Ageu, dizendo: Fala, agora, a Zorobabel, filho de Salatiel, governador de Judá, e a Josué, filho de Jozadaque, o sumo sacerdote, e ao resto do povo, dizendo...* (Ag 2.1,2).

A primeira profecia foi entregue no primeiro dia do sexto mês (1.1). Esta agora ocorre ao vigésimo primeiro, do mês sétimo, o último dia da festa (Lv 23.34-43). A Palavra de Deus veio à liderança e ao povo no último dia da festa dos tabernáculos. Essa era a festa mais alegre dos judeus. Era a festa das colheitas. Durante uma semana, os judeus habitavam em cabanas na cidade de Jerusalém e celebravam a generosidade da providência divina. O último dia da festa era a apoteose da celebração.

Nesse dia o templo de Salomão foi dedicado (1Rs 8.2). Nesse dia Ageu despertou o povo para reconstruir o templo (2.1). Nesse dia Jesus ergueu sua voz, oferecendo aos sedentos a água da vida (Jo 7.37,38). O Senhor aproveitou para falar num dia em que o povo estava reunido. Deus é pertinente e oportuno em sua fala. Aos que atravessavam um período de estiagem, Ageu, naquele feriado religioso estrategicamente oportuno, dirigiu ao povo palavras de ânimo.

Martinho Lutero, dois mil anos depois de Ageu, demonstrou a mesma pertinência quando fixou nas portas da igreja de Wittenberg, na Alemanha, as 95 teses contra as indulgências, em 31 de outubro de 1517. Aquele dia era a véspera de "Todos os Santos". Nessa ocasião, uma multidão acorria à igreja. As portas daquela igreja na universidade era o local onde ficava o painel informativo da cidade. Era o principal *outdoor* da cidade, onde os comunicados mais importantes eram publicados. Como Ageu, Lutero foi oportuno, pertinente e sábio ao usar de maneira mais adequada o local e o tempo.

DEUS DIAGNOSTICA NO POVO UM DESÂNIMO NOSTÁLGICO. *Quem dentre vós, que tenha sobrevivido, contemplou esta casa na sua primeira glória? E como a vedes agora? Não é ela como nada aos vossos olhos?* (Ag 2.3). A construção do segundo templo produziu nos construtores sentimentos diferentes e até contraditórios. Aqueles que conheceram a magnificência do templo salomônico choravam ao se lembrar das glórias do templo passado e da singeleza do templo presente (Ed 3.8-13). A diferença entre os dois templos era enorme. O esplendor externo do segundo templo era muito menor que o do primeiro. Os jovens, entretanto, que não haviam conhecido o templo de Salomão, alegravam-se com intenso júbilo diante da obra que surgia. As vozes de alegria e de choro se misturavam em Jerusalém.

O primeiro templo foi sustentado pelo Estado; este é construído por lavradores empobrecidos. Aquele era protegido como santuário real; este é o templo de uma cidade sem muros (Zc 2.1-5). O templo, ao qual se refere a profecia de Ageu, não passava de uma capela aldeã em comparação ao templo de Salomão. O templo erigido por Salomão tinha um requinte colossal. Além da riqueza das esculturas no primeiro templo, tudo o que lhe pertencia era revestido de ouro. Salomão revestiu de ouro o altar inteiro dentro do oráculo, os dois querubins, o chão da casa, as portas do Santo dos Santos e seus ornamentos; os entalhes de querubins e palmeiras; cobriu de ouro amoldado na madeira entalhada; o altar de ouro e a mesa de ouro, sobre o qual ficava o pão da proposição;

Uma igreja restaurada

os dez candelabros de puro ouro, com as flores, as lâmpadas e os tenazes de ouro; as taças, os espevitadores, as bacias, as colheres e os incensários de puro ouro, e as dobradiças de puro ouro para todas as portas do templo. A varanda que ficava em frente da casa, de 20 côvados de largura por 120 de altura, foi revestida de ouro puro por dentro; a casa brilhava com pedras preciosas. Foram empregados 600 talentos de ouro para revestir o Santo dos Santos. As câmaras superiores também eram de ouro, e o peso dos pregos era de 50 siclos de ouro.

O problema é que o saudosismo nostálgico dos veteranos estava minando o entusiasmo dos jovens. Olhar para a vida pela visão do retrovisor pode retardar nossos passos e nos impedir de avançar mais celeremente. Os mais velhos, em vez de serem elementos motivadores, estavam transformando-se em empecilhos para os mais novos. Ageu os advertiu, dizendo que a aparência material do templo não era o mais importante. A glória daquele templo não estava em suas paredes revestidas de ouro, mas no fato de o próprio Messias, o Senhor da glória, entrar nele (Jo 2.13-25).

O real conceito do templo vai além da estrutura literal, pois Deus não é um ídolo material como os deuses pagãos, nem precisa de uma casa para habitar. A glória do templo não dependeria de sua forma externa. Ao contrário, a glória é vista na própria presença de Deus. Assim, a mensagem do profeta é que a aparência da estrutura não diminui a glória do templo, pois o próprio Deus encherá o templo com sua glória. Não somente Israel, mas os povos e todas as nações virão à casa de Deus e verão sua glória universal e eterna.

DEUS OFERECE AO POVO UM REMÉDIO EFICAZ. Vejamos a mensagem do profeta:

> *Ora, pois, sê forte, Zorobabel, diz o* SENHOR, *e sê forte, Josué, filho de Jozadaque, sumo sacerdote, e tu, todo o povo da terra, sê forte, diz o* SENHOR, *e trabalhai, porque eu sou convosco, diz o* SENHOR *dos Exércitos; segundo a palavra da aliança que fiz convosco, quando saístes do Egito, o meu Espírito habita no meio de vós; não temais* (Ag 2.4,5).

O remédio de Deus é eficaz. Para um povo pobre, acuado pelos inimigos e desmotivado pelas circunstâncias, Deus oferece um tratamento completo e eficaz. Quais foram os remédios usados por Deus?

a. Uma ordem encorajadora (Ag 2.4). Durante três vezes, Deus repetiu a mesma expressão: Sê forte! Essa foi a mesma palavra que Davi endereçou a seu filho Salomão para encorajá-lo a construir o primeiro templo: ... *Sê forte e faze a obra* (1Cr 28.10). Agora, quem encoraja a liderança é o próprio Deus. A nossa força não vem de dentro, mas do alto. Nem vem do braço da carne, mas do Espírito de Deus (Zc 4.6). Não vem da conjuntura política, mas da intervenção soberana de Deus. Há momentos que tanto os líderes quanto o povo precisam ser encorajados e fortalecidos. A ordem era clara: "Sê forte e trabalhai". Somente um povo fortalecido pode trabalhar. Infelizmente, a maioria das pessoas é forte como um touro na busca pelos prazeres, mas fraca como um verme quando chega o tempo de trabalhar para Deus.

b. Uma presença garantida. Deus disse: ... *porque eu sou convosco*... (2.4). A consciência da presença e da proteção de Deus conosco é que nos fortalece para o trabalho. Sem a presença de Deus, não podemos caminhar pelo deserto rumo à terra prometida. Sem a presença de Deus, não podemos triunfar sobre os inimigos. Sem a presença de Deus, tropeçaremos em nossas próprias pernas. Nada podemos fazer sem Jesus. A presença de Deus compensará nossas angústias passadas, nos ajudará nos deveres presentes e será totalmente suficiente para os nossos desafios futuros.

c. Uma aliança imutável. A presença de Deus estava com eles em cumprimento à aliança firmada com eles no Egito: *segundo a palavra da aliança que fiz convosco, quando saístes do Egito...* (2.5). Quando o tabernáculo foi consagrado por Moisés, a presença de Deus se mudou para lá (Êx 40.34-38), pois o Senhor havia prometido habitar no meio de seu povo. Deus é fiel à sua promessa e à sua aliança. Mesmo quando somos infiéis, ele permanece fiel. Deus firmou conosco uma aliança eterna de ser o nosso Deus e de sermos o seu povo. Quando desobedecemos, ele nos disciplina. Quando nos voltamos para ele, ele nos perdoa e restaura. Quando nos sentimos desencorajados, ele nos anima. Quando nossas mãos ficam frouxas, ele nos capacita a fazermos sua obra. É o próprio Deus triúno que nos dá forças para realizarmos seu trabalho. As promessas do evangelho são seladas para nós pela palavra do Pai, pelo sangue do Filho e pelo testemunho do Espírito Santo.

d. Uma habitação consoladora. O profeta Ageu diz ao povo em nome do Senhor dos Exércitos: *... o meu Espírito habita no meio de vós; não temais* (Ag 2.5). O Espírito de Deus é a fonte de todo o poder. A obra seria feita com o auxílio do Espírito Santo. É nesse contexto que o profeta Zacarias disse: *... esta é a palavra do Senhor a Zorobabel: Não por força nem por poder, mas pelo meu Espírito, diz o Senhor dos Exércitos* (Zc 4.6). O povo não precisava temer as circunstâncias nem as pessoas, pois o Deus todo-poderoso, por meio do seu Espírito, estava no meio do povo. Deus não nos deu Espírito de covardia, mas de poder (2Tm 1.7). Onde o Espírito de Deus está, o medo não prevalece. Um povo habitado pelo Espírito, cheio do Espírito e movido pelo Espírito abandona o medo, triunfa sobre as dificuldades e realiza grandes obras para Deus. Ao que crê, é proibido ter medo, pois quem crê não teme. "Não temas" é o mandamento mais repetido por Jesus Cristo no Novo Testamento. E é uma das mais constantes ordens de Deus por toda a Bíblia.

A vitória de Deus prometida ao povo

O profeta Ageu ergue a voz e proclama: *Pois assim diz o SENHOR dos Exércitos: Ainda uma vez, dentro em pouco, farei abalar o céu, a terra, o mar e a terra seca; farei abalar todas as nações, e as coisas preciosas de todas as nações virão, e encherei de glória esta casa, diz o SENHOR dos Exércitos* (Ag 2.6,7). Aqui o futuro é condensado. Esta é uma visão de audácia incrível que revela a fé invencível do profeta.

Os judeus são incentivados a continuarem a obra do templo porque o Senhor lhes assegura que, por ser ele o Deus das nações, dentro em breve manifestaria seu infinito poder para provocar uma subversão nos reinos do mundo em preparação para o estabelecimento do reino do Messias.

O Senhor, por meio do profeta, prediz essa era de constantes guerras, revoluções e contrarrevoluções que caracterizaram os últimos cinco séculos antes da vinda de Cristo. Todos esses abalos serviram ao propósito de Deus; eles prepararam o caminho para o reino messiânico. O profeta está falando de um futuro inteiro, incluindo não somente a primeira vinda, mas também a segunda. O cumprimento seria imediato, com significado para seu tempo. A profecia teve um cumprimento maior no nascimento do Messias, e será cumprida de modo completo no abalo final referido em Hebreus 12.26. A profecia é, portanto, paralela à visão de Daniel 2 e semelhante à mensagem de Amós 9.1-4.

Ageu encoraja o povo de Judá, dizendo-lhe que aquele que estava no trono e governava o mundo não era o rei persa, mas o Deus vivo. O destino deles não estava nas mãos dos poderosos da terra, mas nas mãos do Deus todo-poderoso. O Senhor mesmo sacudiria o Império Persa e os demais impérios que haveriam de surgir. Os reinos do mundo entrariam em colapso, mas o Reino de Deus seria estabelecido.

Os sinais cósmicos estão associados ao templo. O templo é a declaração de que a vida religiosa foi normalizada. Uma nova etapa na vida de Judá estava começando. No futuro algo glorioso aconteceria no templo. *A glória desta última casa seria maior do que a da primeira* (Ag 2.9). O próprio Senhor da glória entraria nessa casa e daria a ela um novo significado. Seu corpo oferecido na cruz equivale ao santuário que seria destruído para ser reconstruído pelo poder da ressurreição e, então, o santuário vivo de Deus seria sua igreja (1Co 6.19). O Deus Pai habita na igreja (Ef 3.19). O Deus Filho habita na igreja (Ef 1.23). O Deus Espírito Santo habita na igreja (Ef 5.18). A Trindade excelsa habita em nós (Jo 14.23). Deus faz morada em nós.

A provisão de Deus prometida ao povo

Deus diz por intermédio de Ageu ao povo: *Minha é a prata, meu é o ouro, diz o* SENHOR *dos Exércitos* (Ag 2.8). O remanescente havia recebido a promessa de contribuições do governo persa (Ed 1.4; 3.7; 6.4). Agora, o povo oprimido de Judá estava desanimado por falta de recursos para realizar a obra. O pouco que tinham, eles estavam investindo nas suas casas. Deus, então, encoraja o povo, dizendo-lhe que o problema da obra não era falta de recursos, mas de fé. Não era falta de dinheiro, mas de visão. Não era falta de ouro, mas de obediência. Toda a riqueza do mundo pertence a Deus. Ele é o provedor da sua própria causa. A obra de Deus, feita no tempo de Deus, de acordo com a vontade de Deus, jamais terá falta dos recursos de Deus.

O profeta Ageu lembra ao povo que Deus não depende de ninguém para a provisão de recursos. Da perspectiva divina, a prata e o ouro lhe pertencem. Não existe problema financeiro para Deus, e os judeus não tinham por que duvidar da sua competência em conseguir os recursos necessários para a obra. Ciro havia decretado que tudo quanto de ouro e prata fora tirado do templo por Nabucodonosor voltasse para Jerusalém (Ed 6.5), e Dario autorizou seus funcionários a cobrirem as despesas da reconstrução do templo com os recursos do tesouro real (Ed 6.8).

A glória de Deus entre o povo

O profeta Ageu oferece mais um tônico de encorajamento para o povo: *A glória desta última casa será maior do que a da primeira, diz o S*ENHOR *dos Exércitos; e, neste lugar, darei a paz, diz o S*ENHOR *dos Exércitos* (Ag 2.9). A glória do primeiro templo era material; a glória do segundo era espiritual. O primeiro templo era magnificente em ouro e prata; o segundo era grandioso porque nele entraria o dono de todo o ouro e de toda a prata. Por que a glória do segundo templo seria maior do que a glória do primeiro? Por duas razões.

POR CAUSA DA PRESENÇA DE DEUS NESSE TEMPLO (Ag 2.9). O segundo templo construído por Zorobabel foi mais tarde embelezado por Herodes, o Grande. Durante 46 anos esse templo recebeu todo o requinte de uma construção grandiosa e magnificente (Jo 2.19). Porém, a glória desse templo não estava em suas pedras douradas e na sua imponência, mas no fato de que foi nele que o Senhor Jesus, o Deus que se fez carne e habitou entre nós, entrou. Jesus trouxe graça e glória (Jo 1.14,18). Quando Jesus Cristo entrou no templo, a casa do Senhor encheu-se de glória como nunca antes. Ali estava alguém *maior do que Salomão* (Mt 12.42). A glória da última casa foi a presença de Jesus Cristo, o nosso Salvador.

POR CAUSA DA OFERTA DE DEUS FEITA NESSE TEMPLO (Ag 2.9). *... e, neste lugar, darei a paz, diz o* SENHOR *dos Exércitos* (2.9). As bênçãos da era messiânica são resumidas em uma palavra – paz. Pelo sangue da cruz de Cristo, fomos reconciliados com Deus (Cl 1.20). Porque fomos justificados pela obra de Cristo, mediante a fé, agora temos paz com Deus (Rm 5.1) e também a paz de Deus (Fp 4.7). Essa paz não é apenas ausência de conflitos nem mero sentimento de bem-estar. Essa paz é relacional e experimental. Trata-se de uma paz perene, que nos coloca numa relação correta com Deus, com o próximo e com nosso próprio ser, agora e por toda a eternidade. Deus tem o melhor reservado para o futuro. Porém, só os olhos da fé podem discerni-lo.

4

Uma igreja saudável

Muitas vezes buscamos métodos para o crescimento da igreja, mas o método de Deus para o crescimento da igreja é sempre o ser humano. Deus não tem tantas regras. Deus tem um método, e o método de Deus é VOCÊ. Deus não unge métodos; ele unge homens. Nossa fé é muito mais que um conjunto de regras e doutrinas. É, sobretudo, relacionamento com Deus.

Esse texto nos mostra que os sacerdotes que ministravam no altar não podiam contaminar-se nem ser imperfeitos. A vida do sacerdote é a vida do seu ministério. Um sacerdote impuro era uma grande calamidade (Zc 3.1-3).

Um sacerdote com defeito podia ser sustentado como sacerdote. Ele podia comer do pão do seu Deus, mas não podia ministrar no altar. Tanto o sacerdote como o sacrifício precisavam ser perfeitos. Ambos tipificavam Cristo.

O véu do templo foi rasgado. Agora todos somos sacerdotes. Todos podemos entrar para adorar. Mas, se quisermos ter comunhão com Deus, se quisermos ministrar no altar, não poderemos ter certos defeitos.

Algumas pessoas pensam equivocadamente que Deus se importa apenas com números. Caem no erro da numerolatria.

Outros cometem o engano de achar que Deus só se preocupa com qualidade, e não com quantidade. Caem no erro da numerofobia.

Qualidade gera quantidade. Uma igreja saudável cresce. A pergunta certa não é o que faz a igreja crescer, mas o que impede a igreja de crescer.

Levítico 21.16-20 mostra o crescimento com qualidade. Ninguém com defeito pode chegar para oferecer o pão no altar. O ministério não é um título, um cargo, mas um relacionamento com Deus. Vejamos quem não serve para ministrar no altar.

> *Disse mais o* SENHOR *a Moisés: Fala a Arão, dizendo: Ninguém dos teus descendentes, nas suas gerações, em quem houver algum defeito se chegará para oferecer o pão do seu Deus. Pois nenhum homem em quem houver defeito se chegará: como homem cego, ou coxo, ou de rosto mutilado, ou desproporcionado, ou homem que tiver o pé quebrado ou mão quebrada, ou corcovado, ou anão, ou que tiver belida no olho, ou sarna, ou impigens, ou que tiver testículo quebrado* (Lv 21.16-20).

Vamos considerar algumas lições do texto em apreço.

Não serve aquele que é cego (Lv 21.18)

Destacamos quatro fatos.

O CEGO É AQUELE QUE NÃO TEM VISÃO. Aquele que não tem visão de crescimento não cresce. É preciso ter visão. Jesus disse para os discípulos: *Erguei os olhos e vede os campos, pois já branquejam para a ceifa* (Jo 4.35). Uma igreja que cresce, olha para a cidade como um campo maduro para a ceifa. Ela tem pressa para ceifar. É diligente na colheita. Emprega todos os seus esforços e todos os seus trabalhadores nessa urgente tarefa. Os cegos não servem para fazer essa obra, porque não têm visão. Há pessoas que têm capacidade, mas lhes falta visão. Elas não têm sonhos. Precisamos ter visão para crescer. Precisamos ter vontade de crescer. Um cego não tem visão.

PRECISAMOS TER A VISÃO DE UMA IGREJA GRANDE. Precisamos ter a visão de uma igreja grande não para engordar a vaidade dos nossos membros nem para exaltar os nossos líderes. Precisamos ter a visão de uma igreja grande não para dizer que somos os melhores. Precisamos trabalhar para ter uma igreja grande a fim de dar glória ao nome de Deus e impactar a cidade e a nação. Se formos como um sacerdote cego, a igreja não pode crescer. Sem visão, o povo não sabe para onde vai.

PRECISAMOS TER A VISÃO ALÉM DAS PAREDES. Precisamos ter a visão de quebrar as paredes. Não podemos acomodar-nos. Há muito povo nesta cidade. Precisamos ter a visão de trazer os aflitos e deixá-los aos pés de Jesus. Até 1970, as pessoas pensavam em ganhar outras para Cristo. Depois de 1970, houve forte ênfase em ganhar a família para Cristo. Depois de 1990, a ênfase passou a ser ganhar a cidade para Cristo. Uma igreja grande pode investir. Uma igreja grande pode influenciar. Uma igreja grande pode impactar a cidade e a nação. William Carey, o pai das missões modernas, disse que, se Deus é nosso parceiro, precisamos sonhar grandes sonhos para Deus. Precisamos olhar por sobre os ombros dos gigantes. Precisamos ter a visão do farol alto. Precisamos contemplar as nações. Jesus morreu para comprar com seu sangue aqueles que procedem de toda tribo, raça, povo e nação. O campo é o mundo, e uma visão que deixe de contemplar o mundo inteiro não é a visão de Deus. O projeto de Deus é o evangelho todo, por toda a igreja, em todo o mundo.

PRECISAMOS TER ALVOS CLAROS DE CRESCIMENTO. Primeiro a visão, depois os recursos. Se não tivermos alvos e sonhos, nunca saberemos se chegamos lá. Precisamos trabalhar com base em alvos: físicos, espirituais e numéricos. Se hoje, por exemplo, somos uma igreja com 850 membros, quanto queremos crescer? Não planejar é curvar-se ao fracasso. Precisamos ter alvos definidos. Precisamos ter o alvo de plantar igrejas, de receber novos membros regularmente, de ampliar a nossa tenda e de alargar nossas fronteiras. Sacerdotes cegos não servem para levar a igreja ao crescimento.

Não serve aquele que é coxo (Lv 21.18)
Dois pontos devem ser aqui destacados.

O COXO É AQUELE QUE SE ARRASTA. O coxo é aquele que tem pernas, mas elas não suportam o peso do corpo. Então, ele se arrasta. O crente não pode arrastar-se. Deus nos tem levantado. Nossas pernas não podem ser emperradas. Precisamos caminhar. Precisamos trabalhar. Precisamos fazer a obra de Deus enquanto é dia. Há crentes que nunca estão dispostos a trabalhar. Vivem arrastando-se pela fé. Uma fé trôpega, um testemunho fraco, uma vida sem fervor. Esses não podem contribuir para o crescimento da igreja.

O COXO É AQUELE QUE PRECISA SER CARREGADO PELOS OUTROS. O coxo não caminha sozinho. Ele é dependente e precisa sempre de alguém para o transportar. Há crentes que nunca aprendem a andar com suas próprias pernas. Eles não progridem, não amadurecem; ficam sempre onde as pessoas os deixam. Uma igreja não pode crescer quando seus crentes são coxos, não andam, não fazem a obra de Deus. O Senhor espera de nós frutos, muitos frutos. Para isso, precisamos semear e regar!

Não serve aquele que tem o rosto mutilado (Lv 21.18)
Dois pontos são dignos de destaque.

AQUELE QUE TEM O ROSTO MUTILADO POSSUI DUAS CARAS. A igreja não pode crescer quando seus sacerdotes, seus crentes, têm duas caras e usam máscaras. Não serve para fazer a obra de Deus aquele que tem o rosto mutilado. Precisamos pregar o que vivemos dentro de casa e no trabalho. Precisamos pregar para nós mesmos. Não basta parecer santo na igreja e ser rude em casa e desonesto no trabalho. O rosto mutilado é uma coisa na igreja e outra em casa. Hoje muito se discute sobre pastor de tempo integral e pastor de tempo parcial. Mais importante que ser um obreiro de tempo integral é ser um obreiro integral. Não é apenas uma questão de tempo, mas de vida. Devemos ser um só. O rosto mutilado não serve.

NÃO É A GRANDES TALENTOS QUE DEUS ABENÇOA, MAS A PESSOAS ÍNTEGRAS. A vida do ministro é a vida do seu ministério. Podemos ter todos os dons, mas, se não tivermos amor, nada disso nos aproveitará. A hipocrisia não funciona. Precisamos ser antes de fazer. Precisamos mais de vida que de desempenho. Deus está mais interessado em quem somos do que naquilo que fazemos. Vida com Deus precede trabalho para Deus.

Não serve aquele que é desproporcional (Lv 21.18)
Vejamos dois pontos importantes.

PARA A IGREJA CRESCER SAUDAVELMENTE, OS CRENTES NÃO PODEM SER DESPROPORCIONAIS. Deus fez tudo perfeito e lindo.

Para onde caminha a igreja?

Certo dia, vi um moço pedindo esmola e empurrando um carrinho. Ele tinha o corpo forte e as pernas fininhas. Desenvolveu o tronco, mas as pernas eram fracas. Às vezes crescemos numa área e somos doentes em outras. Algumas áreas do nosso caráter ainda estão atrofiadas. Há muitas desproporções no meio do povo de Deus. Alguns têm a cabeça grande demais em relação ao corpo. Gente que conhece muito e faz pouco. Gente que tem luz na mente e frieza no coração. Outros parecem excepcionais. Tornam-se veteranos de igreja mas ainda agem como crianças espirituais. Ainda são meninos na fé. Há aqueles que cuidam da doutrina e se esquecem da vida; outros que lutam para cuidar da vida, mas são negligentes com a doutrina. O desproporcional não serve para levar a igreja ao crescimento saudável.

UMA SUPERÊNFASE NUM ÚNICO PONTO DA VERDADE PODE DEIXAR-NOS DESPROPORCIONAIS. No livro de Ezequiel temos a figura de Jesus representada em quatro retratos. Ele é descrito como LEÃO, BOI, HOMEM E ÁGUIA. Mateus apresenta Jesus como o Leão, aquele que tem toda a autoridade no céu e na terra. Jesus é sempre o leão que está rugindo: ele ensina com autoridade, cura, expulsa demônios. Mas esse não é todo o rosto do Senhor. Há igrejas que só falam de Jesus como leão. Só falam de poder. Em Marcos, Jesus tem o rosto do boi. Ele não veio para ser servido. Em Marcos, Jesus é servo. A igreja tem o chamado para servir. Mas para crescer não basta apenas servir. Muitas igrejas dizem: Ah! Agora sim, vamos criar asilos, creches, orfanatos. Mas esse não é todo o rosto do Senhor. Em Lucas, Jesus tem o rosto do homem. Ele chora, ri, participa de encontros, entra na casa dos publicanos. Aí alguns dizem: Aí está o segredo. Precisamos ter grupos, vamos desenvolver relacionamentos, vamos ajudar as pessoas. Mas esse não é todo o rosto do Senhor.

Em João, Jesus é a águia que voa nas alturas. Ele é o Filho de Deus. Ele veio da glória. Há igrejas que vivem mergulhadas nesse senso do sobrenatural. Mas esse não é todo o rosto do Senhor. Jesus não era desproporcional. Ele foi integral. Foi rei, servo, homem, Deus. Qual é a ênfase da pregação? Se há uma pessoa cativa do diabo, autoridade. Se há um casal em conflito, o rosto de homem. Se há uma necessidade a ser suprida, o rosto de servo. Sem há alguém perdido, o evangelho da salvação. Precisamos apresentar todo o evangelho. O desproporcional está errado. Precisamos apresentar Jesus em toda a sua beleza.

Não serve aquele que tem o pé quebrado (Lv 21.19)

Aquele que tem o pé quebrado vive caindo. O coxo é diferente de quem tem o pé quebrado. O pé quebrado não fica firme, está sempre caindo. Vida cristã é uma caminhada. Aquele que está em pé, veja que não caia. Os crentes têm caído nos mesmos pecados, têm envergonhado o evangelho. Uma igreja não cresce quando seus líderes, quando seus membros, têm o pé quebrado. Uma igreja não cresce quando seus crentes vivem tropeçando. Uma igreja assim não pode andar com o Senhor nem ministrar no altar. Por isso, impede o crescimento.

O pé quebrado aponta para feridas e traumas não resolvidos. Muitos crentes não andam com firmeza, porque existem feridas que não foram devidamente curadas. Há traumas que ainda não foram vencidos. Vivem sentindo dores a cada passo que dão na caminhada da vida cristã.

Não serve aquele que tem a mão quebrada (Lv 21.19)

Quatro fatos podem ser enfatizados aqui.

AQUELES QUE TÊM A MÃO QUEBRADA NÃO PODEM REALIZAR A OBRA DE DEUS. Aqueles que têm as mãos quebradas não podem impor as mãos sobre os enfermos, não podem abraçar, abençoar, tocar, socorrer, ajudar. Precisamos orar levantando mãos santas, sem ira. Somos uma raça de sacerdotes. Hoje todos somos ministros da nova aliança. Devemos ministrar uns aos outros, abençoar uns aos outros, consolar uns aos outros, exortar uns aos outros, orar uns pelos outros.

AQUELES QUE TÊM A MÃO QUEBRADA NÃO PODEM OFERECER O PÃO DE DEUS. Aqueles que têm a mão quebrada não podem servir, não podem trabalhar, não podem oferecer sacrifícios ao Senhor. Eles não olham para a vida como uma liturgia ao Senhor. O culto não tem hora para acabar. O culto é a vida. Não existe: "Senhor, agora entramos na tua presença". Não estávamos antes na presença de Deus? Não existe: "Continuamos em tua presença". Vamos sair depois? A reunião começa e termina, mas o culto não. O culto é a vida toda. Se a vida que vivemos fora do templo não é um culto ao Senhor, somos sacerdotes de mãos quebradas.

AQUELES QUE TÊM A MÃO QUEBRADA NÃO CONSEGUEM ABENÇOAR. Quando você abençoa outra pessoa, essa mesma bênção volta para você. Quem semeia com abundância, colhe com fartura. Quando você reparte, Deus multiplica sua sementeira. Precisamos abençoar as pessoas. Somos sacerdotes. O sonho de Deus é que abençoemos uns aos outros. Enquanto você abençoa outra pessoa, essa bênção volta para você. O eco responde a você com as mesmas palavras emitidas.

QUEM TEM A MÃO QUEBRADA NÃO CONSEGUE TRAZER OFERTAS AO ALTAR. Quem tem a mão quebrada sempre comparece diante de Deus de mãos vazias. Quem tem a mão quebrada não consegue ofertar na casa Deus nem levar os dízimos de Deus à casa do tesouro. Aqueles que não são fiéis na mordomia dos bens não estão comprometidos com a expansão do Reino de Deus. Investem em si mesmos, em seu deleite, mas abandonam a casa de Deus.

Não serve aquele que é corcovado (Lv 21.20)
Dois fatos são aqui destacados.

O CORCOVADO É PROFUNDAMENTE PESSIMISTA. O corcovado anda olhando para baixo. O professor perguntou a um menino da classe: "O que é um pessimista?". O menino respondeu: "Um pessimista é uma pessoa que vive olhando para o pé". Não podemos ser pessimistas, desanimados, só olhando os gigantes e fugindo deles.

Você é precioso aos olhos de Deus. Você é alguém muito especial. Você é obra-prima de Deus. Você é a menina dos olhos de Deus. Você é a herança de Deus, em quem Deus tem todo o prazer. Gente corcovada não pode ajudar a igreja crescer. Gente desanimada não consegue olhar para o céu. Gente corcovada só olha para as dificuldades. Deus disse a Abraão: "Sai da sua tenda e conta as estrelas: Uma, duas, mil, um milhão... assim será a tua descendência!".

O CORCOVADO ANDA SEMPRE COM UM PESO NAS COSTAS. Tem gente que só anda cansada. Só vive reclamando. Irmãos, não é o trabalho de Deus que cansa; o que cansa é o pecado. Se você ficar remoendo mágoas no coração, pode tirar férias, passear, mas estará sempre cansado. Para a igreja crescer, os crentes não podem ter peso sobre as costas. Não podem ter embaraço na vida. O tempo todo você precisa estar pronto para testemunhar, para pregar, para viver e para morrer. Jesus era um homem livre, solto. Ele podia dormir mesmo na tempestade. O líder, o crente, não pode viver achatado, corcovado.

Não serve aquele que é anão (Lv 21.20)
O anão é aquele que para de crescer. Você não pode ser anão. Ninguém nasce anão. Não existe um bebê que já nasce com 10 centímetros. Há um momento em que o anão para de crescer. O líder não pode ser anão. O crente não pode ser anão. Nós precisamos crescer. Não podemos estagnar. Quando o crente é um anão, tudo para na sua vida. Você precisa crescer na Palavra, precisa crescer na oração, precisa crescer no envolvimento com a obra, precisa crescer nos relacionamentos. Hoje você precisa ser melhor que ontem. Amanhã, melhor que hoje. Para a frente é que você deve caminhar. Para o alto é que você deve crescer. O corcovado cresce para baixo. O anão não cresce para cima.

Não serve aquele que tem belida nos olhos (Lv 21.20)
Destacamos três fatos.

QUEM TEM PEDRA NOS OLHOS VIVE EM GRANDE DESCONFORTO. Há crentes que vivem sempre de forma desconfortável. Precisam remover a pedra dos olhos. Precisam tirar o que está trazendo sofrimento. Precisam remover o que está machucando.

QUEM TEM PEDRA NOS OLHOS NÃO CONSEGUE AJUDAR OS OUTROS. Jesus disse que, se você tem uma trave no olho, não consegue tirar o cisco no olho do seu irmão. Quando temos pedra nos olhos, tornamo-nos críticos dos outros, mas não podemos ajudá-los a resolver seus problemas.

QUEM TEM PEDRA NOS OLHOS NÃO ENXERGA AS COISAS COM CLAREZA. Jesus curou um cego, passando-lhe saliva nos olhos. Jesus perguntou: "Vês alguma coisa?". "Sim, vejo os homens andando como árvores." Para uma igreja crescer, o pastor e os crentes não podem ver as pessoas como árvores ou como coisas a serem exploradas. Não somos igreja para explorar as pessoas, mas para servi-las.

Não serve aquele que tem sarna (Lv 21.20)

Sarna é aquela coceira gostosa que nos distrai. Você já pegou um bicho-de-pé? Já ficou coçando, coçando e gostando de coçar? Para uma igreja crescer, seus membros não podem ter sarna. Para o crente, o prazer é só aquele que Deus dá. Hoje existem muitos prazeres que são sarna para você coçar. Distraem você. Roubam o seu tempo. O líder e o crente não podem ter sarna para coçar.

Não serve aquele que tem impingem (Lv 21.20)

Impingem é uma mancha. A igreja não pode crescer quando os crentes têm uma mancha na vida, no caráter, na conduta, na família, no trabalho. Mancha é aquilo que tentamos esconder dos outros. É coisa feia. Naamã era um herói, mas leproso; tinha marcas feias na sua pele. Eliseu mandou que ele tirasse a armadura e mergulhasse no Jordão. Antes de ser curado, é preciso revelar a mancha. Caro leitor, você não pode ter manchas. Você precisa de vida limpa!

Não serve aquele que tem testículo quebrado (Lv 21.20)

Vemos dois pontos importantes:

QUEM TEM TESTÍCULO QUEBRADO NÃO PODE GERAR FILHOS. Quem tem testículo quebrado não se reproduz; não terá filhos. Somos chamados para gerar filhos, para dar frutos. Precisamos gerar muitos filhos espirituais. Precisamos ganhar outros para Cristo. A igreja precisa crescer e se multiplicar e, para isso, cada crente precisa gerar outros filhos espirituais. Quantos filhos espirituais você tem? Quantas pessoas você já levou a Cristo? Quantas pessoas esperarão você no céu para o abraçar e agradecer-lhe?

DEUS SE IMPORTA COM QUANTIDADE. Você quer ver esta igreja crescer? Quer ver gente sendo salva todos os domingos? Quer envolver-se nessa obra de consequências eternas? Quer gerar filhos em vez de ser apenas um espectador? Quer ser um cooperador de Deus?

Que tipo de sacerdote você tem sido na casa de Deus? Você tem apenas se alimentado do Pão de Deus ou também tem se aproximado do altar para oferecer o Pão de Deus? Sua vida tem sido irrepreensível ou você tem profanado o altar do Deus vivo? É tempo de despertar! A igreja pode crescer, precisa crescer, vai crescer. Você quer fazer parte desse desafio?

5

Uma igreja *una*

Todas as cartas de Paulo contêm um equilíbrio entre teologia e vida, entre doutrina e dever. A carta aos Efésios não é diferente. Os três primeiros capítulos lidam com a doutrina, nossas riquezas em Cristo, enquanto os últimos três capítulos explanam o dever, nossas responsabilidades em Cristo. A palavra-chave nestes últimos três capítulos é "andar": 1) andar em unidade (Ef 4.1-16); 2) andar em pureza (Ef 4.17–5.17); 3) andar em harmonia (Ef 5.18–6.9); 4) andar em vitória (Ef 6.10-24).

Os primeiros três capítulos dão uma visão do todo, começando antes da criação, quando Deus planejou nossa incorporação ao novo homem, e como ele nos resgatou do império das trevas e está formando a sua obra de arte. E esta obra unifica e derruba todas as barreiras culturais, raciais e até religiosas, como vemos no caso do judeu e do gentio.

A conduta cristã tem sua origem na doutrina cristã, e o dever cristão deriva diretamente do débito indizível de gratidão que ele tem por tudo aquilo que recebeu em Cristo. Aqueles que foram escolhidos por Deus para assentar-se com Cristo nos lugares celestiais devem lembrar-se de que a honra de Cristo está envolvida em seu viver diário. Esse é um princípio que deve servir de guia em todas as situações.

Paulo avança da nova sociedade para os novos padrões nos quais ela deve andar. Volta-se da exposição para a exortação, da doutrina para o dever, daquilo que Deus tem feito para aquilo que nós devemos ser e fazer. Paulo ensinou e orou pela igreja e agora lhe dirige um solene apelo. A instrução, a intercessão e a exortação constituem um trio fundamental na vida do cristão.

Paulo vê a sua prisão como uma oportunidade de abençoar a igreja, e não de se entregar à autopiedade. Paulo é tanto um prisioneiro de Cristo como um prisioneiro por amor a Cristo. As prisões de Paulo foram uma bênção. Contribuíram para o bem da igreja. Estimularam os novos crentes. Paulo evangelizou a guarda pretoriana, dezesseis mil soldados de escol, a elite militarizada do palácio do imperador, e escreveu cartas que se perpetuaram e ainda abençoam milhões de pessoas em todo o mundo. Paulo é prisioneiro no Senhor. Ele faz um clamor veemente, e não um pedido indiferente. Deus, em seu amor, urge conosco para vivermos para a sua glória. A ênfase na antiga aliança era: "Se vocês me obedecerem, eu abençoarei vocês". Mas na nova aliança a ênfase é: "Eu já tenho abençoado vocês. Agora, em resposta ao meu amor e graça, obedeçam-me".

Paulo conecta doutrina com vida. A preposição "pois" é uma ponte entre o que Paulo tinha ensinado e o que ele vai pedir (Ef 4.1). A vida é consequência da doutrina. A doutrina é a base da vida. Aquilo em que cremos determina como vivemos. Paulo ensina que o nosso andar precisa refletir a vida de Deus. Andar de modo digno de Deus significa viver do mesmo jeito que Deus vive. A palavra "digno" traz a ideia de uma balança, na qual há um equilíbrio entre a vida de Deus e a nossa vida. A igreja tem duas características aqui: 1) é um só povo: judeus e gentios, a única família de Deus; 2) é um povo santo, distinto do mundo secular.

Vamos examinar Efésios 4.1-16. A ideia básica deste texto é a unidade dos crentes em Cristo. É uma aplicação prática da doutrina. Para entender essa unidade, devemos analisar quatro importantes fatos: a graça, o fundamento, os dons e o crescimento da unidade.

A graça da unidade (Ef 4.1-3)

Paulo exorta sobre a graça da unidade nos seguintes termos: *Rogo-vos, pois, eu, o prisioneiro no Senhor, que andeis de modo digno da vocação a que fostes chamados, com toda a humildade e mansidão, com longanimidade, suportando-vos uns aos outros em amor, esforçando-vos diligentemente por preservar a unidade do Espírito no vínculo da paz* (Ef 4.1-3).

O apóstolo Paulo fala sobre unidade, e não sobre uniformidade. Unidade vem de dentro, é uma graça espiritual, enquanto uniformidade é o resultado de uma pressão de fora. Esta unidade não é externa nem mecânica, porém interna e orgânica. Não é imposta por força exterior, mas, pela virtude do poder de Cristo que habita o crente, procede de dentro do organismo da igreja. Portanto, os que em seu zelo ecumênico se mostram ansiosos por desfazer todos os limites denominacionais, a fim de criar uma gigantesca superigreja, não encontram aqui nenhum apoio.

Paulo usa mais uma vez a figura do corpo para descrever a unidade. O apóstolo lista quatro virtudes que caracterizam o andar digno do cristão. A unidade não é criada, mas preservada (Ef 4.3). Ela já existe, por obra de Deus, e não do homem. Portanto, o ecumenismo não possui amparo na Palavra de Deus. A unidade da igreja não é construída pelo homem, mas pelo Deus triúno.

Paulo fala, também, sobre a necessidade de preservar a unidade do Espírito no vínculo da paz. A unidade é orgânica, mas precisa ser preservada. Como essa unidade é preservada? AGINDO COM HUMILDADE (Ef 4.2). A palavra grega *tapeinophrosine*, "humildade", foi cunhada pela fé cristã. A humildade era desprezada pelos romanos, pois era sinal de fraqueza. Tinha o sentido de baixo, vil, ignóbil. A megalopsiquia, o contrário de humildade, é que era considerada virtude. Humildade é a renúncia à imposição de interesses pessoais. Em Cristo, a humildade se tornou uma virtude. Sua vida e morte foram serviço e sacrifício sem nenhuma preocupação quanto à reputação (Fp 2.6). Devido ao fato de que o cristão é chamado a seguir os passos do Mestre, a humildade constitui uma parte insubstituível no caráter cristão. Humildade significa colocar Cristo em primeiro lugar, os outros em segundo lugar e o eu em último lugar. Cristo se apresentou como manso e humilde de coração. A primeira bem-aventurança cristã é ser humilde de espírito.

A humildade origina-se: 1) Do conhecimento que temos de nós mesmos. Quem sabe que veio do pó, é pó e ao pó voltará, não pode orgulhar-se. 2) Do confronto da própria vida com a vida de Cristo à luz das exigências de Deus. Quando reconhecemos que Cristo é santo e puro e somos desafiados a imitá-lo, precisamos ser humildes. 3) Da consciência de que somos criaturas totalmente dependentes de Deus. Não podemos viver nem um minuto sem o cuidado de Cristo. Nosso dinheiro, nossa saúde e nossos amigos não podem nos valer. Não podemos pensar sobre nós mesmos além nem aquém do que convém (Rm 12.3). Cristo é o exemplo máximo de humildade: ele se esvaziou a si mesmo.

AGINDO COM MANSIDÃO (Ef 4.2). A palavra grega *prautes*, "mansidão", não é sinônimo de fraqueza; pelo contrário, é a suavidade dos fortes, cuja força está sob controle. É a qualidade de uma personalidade forte que é, mesmo assim, senhora de si mesma e serva de outras pessoas.

A palavra grega *prautes* era usada no grego clássico com o bom sentido de suavidade de tratamento ou docilidade de caráter. Uma pessoa mansa é aquela que não insiste em seus direitos nem reivindica sua própria importância ou autoridade. Na verdade, uma pessoa mansa abre mão dos seus direitos. Uma pessoa mansa prefere sofrer o agravo a provocá-lo (1Co 6.7). Abraão é um exemplo de mansidão. Ele deixou Ló fazer a melhor escolha (Gn 13.7-18). A mansidão é o poder sob controle. É a virtude daqueles que não perdem o controle. Moisés era manso; no entanto, veja que tremendo poder ele exerceu. Jesus era manso e virou a mesa dos cambistas. Você tem poder, mas esse poder está sob controle. Era o termo usado para um animal adestrado. Uma pessoa mansa controla seu temperamento, impulsos, língua e desejos. É a pessoa que possui completo domínio de si mesma. Ao compararmos mansidão com humildade, chegamos à conclusão de que o homem manso pensa bem pouco nas suas reivindicações pessoais, assim como o homem humilde pensa bem pouco nos seus méritos pessoais.

AGINDO COM LONGANIMIDADE (Ef 4.2). O substantivo *makrothymia* e o verbo *makrothymein* são palavras tipicamente cristãs, pois descrevem uma virtude cristã que os gregos não consideravam virtude. É a atitude de nunca revidar. A palavra grega *makrothymia* significa suportar com paciência pessoas desafiadoras. É um ânimo estendido ao máximo. É a firme paciência no sofrimento ou infortúnio. Longanimidade é o espírito que tem o poder de vingar-se, mas nunca o faz. É a pessoa que suporta o insulto sem amargura nem lamento. O amor tudo suporta!

AGINDO COM UM AMOR QUE SUPORTA OS IRMÃOS (Ef 4.2). A palavra "suportar" aqui não é aguentar o outro com resignação estoica, mas servir de amparo e suporte para o outro. Isso não por um dever amargo, mas com amor. "Suportar em amor" é a manifestação prática da longanimidade. Significa ser clemente com as fraquezas dos outros, não deixando de amar o próximo ou os amigos devido àquelas faltas que, talvez, nos ofendam ou desagradem.

O fundamento da unidade (4.4-6)

Tendo abordado a graça da unidade, Paulo passa a falar sobre o fundamento da unidade: *Há somente um corpo e um Espírito, como também fostes chamados numa só esperança da vossa vocação; há um só Senhor, uma só fé, um só batismo; um só Deus e Pai de todos, o qual é sobre todos, age por meio de todos e está em todos* (Ef 4.4-6).

Muitas pessoas hoje se esforçam para unir as religiões de forma não bíblica. Dizem: "Nós não estamos interessados em doutrinas; mas no amor". Aconselham: "Vamos esquecer doutrinas; elas só nos dividem. Vamos simplesmente amar uns aos outros". Mas Paulo não discute a unidade cristã sem antes falar sobre o evangelho (capítulos 1 a 3). Unidade edificada sobre outra base que não a verdade bíblica é o mesmo que uma casa edificada sobre a areia. A unidade cristã está baseada na doutrina da Trindade: "um só Espírito" (Ef 4.4), um só Senhor (Ef 4.5) e um só Deus e Pai de todos (Ef 4.6).

Paulo nomeia aqui algumas realidades básicas que unem todos os cristãos

Um só corpo (Ef 4.4). Só existe uma igreja verdadeira, o corpo de Cristo, formado de judeus e gentios, a única família no céu e na terra. Uma pessoa só começa a fazer parte desse corpo quando convertida e batizada pelo Espírito nesse corpo. Nenhuma igreja local ou denominação pode arrogar-se a pretensão de ser a única igreja verdadeira. A igreja de Cristo é supradenominacional.

Um só Espírito (Ef 4.4). É o mesmo Espírito que habita na vida de cada crente. O apóstolo Paulo diz que, *se alguém não tem o Espírito de Cristo, esse tal não é dele* (Rm 8.9).

Uma só esperança (Ef 4.4). É a esperança da volta gloriosa de Jesus, quando os mortos em Cristo receberão um corpo de glória e os vivos serão transformados e arrebatados para encontrar o Senhor Jesus nos ares. Nesse tempo, todas as coisas serão restauradas e, então, haverá novos céus e nova terra.

Um só Senhor (Ef 4.5). Este é o nosso Senhor Jesus Cristo que morreu, ressuscitou e vive por nós, e um dia virá para nos encontrar. É difícil aceitar que dois crentes que dizem obedecer ao mesmo Senhor sejam incapazes de andar juntos em unidade. Alguém perguntou a Gandhi, o líder espiritual da Índia: "Qual é o maior impedimento ao cristianismo na Índia?". Ele respondeu: "Os cristãos". Confessar o senhorio de Cristo é um grande passo na direção da unidade do seu povo.

Uma só fé (Ef 4.5). Esta fé tanto é o conteúdo da verdade em que cremos, o nosso credo (Jd 3; 2Tm 2.2), como é a nossa confiança pessoal em Cristo como Senhor e Salvador.

Um só batismo (Ef 4.5). Este é o batismo pelo Espírito no corpo de Cristo (1Co 12.13). Não se trata do sacramento do batismo que a igreja administra, mas daquela operação invisível que o próprio Espírito Santo realiza. Paulo não se refere aqui à forma do batismo (aspersão, efusão e imersão), mas ao significado do batismo, que é a nossa união com Cristo e sua igreja.

UM SÓ DEUS E PAI (Ef 4.6). Deus é o Pai de toda a igreja, tanto a da terra como a do céu. Deus é sobre todos, age por meio de todos e está em todos.

Paulo passa, agora, a falar sobre os dons da unidade.

Os dons da unidade (Ef 4.4-11)

E a graça foi concedida a cada um de nós segundo a proporção de Cristo. Por isso diz: *Quando ele subiu às alturas, levou cativo o cativeiro e concedeu dons aos homens. Ora, que quer dizer que subiu, senão que também havia descido até às regiões inferiores da terra? Aquele que desceu é também o mesmo que subiu acima de todos os céus, para encher todas as coisas. E ele mesmo concedeu uns para apóstolos, outros para profetas, outros para evangelistas e outros para pastores e mestres* (Ef 4.7-11).

A primeira coisa que Paulo aborda é a variedade na unidade (Ef 4.7). Ele se move daquilo que todos os cristãos têm em comum para aquilo que difere um cristão do outro: os dons espirituais. Os dons são dados para unir e edificar a igreja. São habilidades dadas aos crentes para que eles sirvam a Deus e aos irmãos de tal modo que Cristo seja glorificado e os crentes sejam edificados. É importante ressaltar que: 1) todo cristão possui algum dom; 2) existe grande variedade de dons; 3) o Senhor glorificado é soberano na distribuição dos dons.

Os dons são *charismata;* logo, "carismático" não é um termo que possa ser corretamente aplicado a determinado grupo ou movimento dentro da igreja, visto que, de acordo com o

Novo Testamento, toda a igreja é uma comunidade carismática. É o corpo de Cristo, e cada um de seus membros tem um dom (*charisma*) para exercer ou uma função para cumprir.

A segunda coisa que Paulo aborda é: Como você pode descobrir e desenvolver os seus dons? Sua resposta é clara: pela comunhão na igreja (Ef 4.7). Os dons não são brinquedos particulares para o nosso próprio deleite; são ferramentas com as quais devemos trabalhar em prol dos outros. Se os dons não forem usados para a edificação dos outros, transformam-se em armas de combate, como aconteceu na igreja de Corinto (1Co 12–14).

A terceira coisa que Paulo enfoca é que Cristo levou cativo o cativeiro e deu dons aos homens (Ef 4.8,9). Cristo, por meio de sua morte, ressurreição e glorificação, tirou as correntes do cativeiro satânico; isto é, a humanidade cativa a Satanás passou então a ser o espólio de Cristo. Assim, nós, que fomos transferidos do império das trevas e de sua escravatura, tornamo-nos escravos de Cristo e da sua justiça. Cristo ascendeu ao céu como o supremo vencedor. A figura aqui é de um conquistador militar conduzindo seus cativos e distribuindo os espólios com os seus seguidores. Aqui, entretanto, os cativos não são os inimigos, mas o seu próprio povo. Os pecadores que estiveram sob o domínio da carne, do mundo e do diabo agora são cativos de Cristo. Quando Cristo veio à terra, foi ao profundo da humilhação. Quando ascendeu ao céu, alcançou o máximo da exaltação. Então, ele deu dons aos homens.

Que dons são esses, chamados dons de Cristo à igreja?

O DOM DE APÓSTOLO (Ef 4.11). Jesus tinha muitos discípulos, mas apenas doze apóstolos. Um discípulo é um seguidor; um apóstolo é um comissionado. Os apóstolos precisavam ter três qualificações: 1) ver pessoalmente Cristo (1Co 9.1,2); 2) ser testemunha titular da sua ressurreição (At 1.21-23); 3) ter o ministério autenticado com milagres especiais (2Co 12.12). Nesse sentido, não há mais apóstolos hoje. Num sentido geral, todos nós fomos chamados para ser enviados (Jo 20.21). O verbo grego *apostello* significa "enviar", e todos os cristãos são enviados ao mundo como embaixadores e testemunhas de Cristo para participar da missão apostólica de toda a igreja. Expressamos nossa convicção de que uma igreja apostólica hoje é aquela que segue a doutrina dos apóstolos, e não aqueles que dão a seus líderes o título de apóstolos. Com base na própria definição de apóstolo, é evidente que seu ministério devia cessar com a morte da primeira geração da igreja.

O DOM DE PROFETA (Ef 4.11). Os profetas não eram apenas aqueles que previam o futuro, mas, sobretudo, os que proclamavam a Palavra de Deus. Eles recebiam suas mensagens diretamente do Espírito Santo. Nós não temos mais mensagens revelacionais. O cânon da Bíblia está completo. Hoje não temos mais profetas, mas temos o dom de profecia, que é a exposição fiel das Escrituras. Ninguém pode reivindicar uma inspiração comparável àquela dos profetas, nem usar a fórmula introdutória que eles usavam: "Assim diz o Senhor". Se isso fosse possível, teríamos de acrescentar as palavras de tal pessoa às Escrituras, e toda a igreja deveria escutar e obedecer. O ministério, ou pelo menos a denominação "profeta", logo morreu na igreja. Sua obra, que era receber e declarar a palavra de Deus sob inspiração direta do Espírito, era mais vital antes da existência de um cânon das Escrituras do Novo Testamento.

O DOM DE EVANGELISTA (Ef 4.11). Os evangelistas eram os missionários itinerantes. Todos os ministros devem fazer

Uma igreja *una*

a obra do evangelista (2Tm 4.5). Os apóstolos e profetas lançaram o fundamento da igreja, e os evangelistas edificaram sobre esse fundamento, ganhando os perdidos para Cristo. Cada membro da igreja deve ser uma testemunha de Cristo (At 2.41-47; 8.4; 11.19-21), mas há pessoas a quem Jesus dá o dom especial de serem evangelistas. Podemos presumir que o trabalho deles era uma obra itinerante de pregação orientada pelos apóstolos, e parece ser justo chamá-los de "a milícia missionária da igreja". O fato de não termos esse dom não nos desobriga de evangelizar. John Stott lança luz sobre esse assunto, quando escreve:

> Ao referir-se ao dom de evangelista, talvez se refira ao dom da pregação evangelística, ou de fazer o evangelho especialmente claro e relevante aos descrentes, ou de ajudar as pessoas medrosas a dar o passo da entrega a Cristo, ou o testemunho pessoal eficiente. Provavelmente o dom de evangelista tome todas estas formas diferentes, e outras mais. Deve ter algum relacionamento com ministério evangelístico, seja na evangelização de massa, na evangelização pessoal, na evangelização pela literatura, na evangelização por filmes, na evangelização pelo rádio e pela televisão, na evangelização pela música, ou pelo emprego de algum outro meio de comunicação.[1]

O DOM DE PASTORES E MESTRES (4.11). "Pastores e mestres" constitui um só ofício com dupla função. Deus chama alguns para serem pastores e mestres. O pastor ensina e exorta.

---

[1] STOTT, John. *A mensagem de Efésios*. São Paulo: ABU Editora, 1986, p. 117.

Ele alimenta, cuida, protege, vigia e consola as ovelhas (At 20.28-30). Faz isso por intermédio da Palavra. A Palavra é o alimento, a vara e também o cajado que o pastor usa. Embora todo pastor deva ser um mestre, nem todo mestre é um pastor. Todos os cinco dons vistos até aqui estão ligados ao ensino das Escrituras. A Palavra é o grande instrumento para a edificação da igreja.

O crescimento da unidade (Ef 4.12-16)

Os dons de Cristo à igreja têm objetivos claros.

APERFEIÇOAMENTO DOS SANTOS. *Com vistas ao aperfeiçoamento dos santos...* (Ef 4.12). A palavra grega *katartismos*, "aperfeiçoamento", não se encontra em nenhum outro lugar no Novo Testamento, embora o verbo correspondente seja usado no sentido de "remendar as redes" (Mc 1.19). O termo também era empregado para o ato de restaurar um osso quebrado. Em política, era usado para pôr de acordo facções opostas. A palavra pode ter o sentido de "aperfeiçoar" o que está deficiente na fé dos cristãos e dá a ideia de levar os santos a se tornarem aptos para o desempenho de suas funções no corpo de Cristo, sem deixar implícita a restauração de um estado desordenado.

O DESEMPENHO DO SERVIÇO. ... *para o desempenho do seu serviço...* (Ef 4.12b). A principal função dos pastores e mestres não é fazer a obra, mas treinar os crentes para que eles realizem a obra. A palavra grega *diakonia*, "serviço", é usada aqui não para descrever a obra de pastores, mas, sim, a obra do chamado laicato, ou seja, de todo o povo de Deus, sem exceção. Aqui temos evidência indiscutível de como o Novo Testamento vê o ministério: não como a prerrogativa de uma elite clerical, mas, sim, como a vocação privilegiada de todo o povo de Deus. O trabalho da igreja não consiste apenas na pregação e no ensino, mas também no serviço prático. Precisamos exercer a diaconia e socorrer os necessitados.

A EDIFICAÇÃO DO CORPO DE CRISTO. ... *para a edificação do corpo de Cristo* (Ef 4.12c). A finalidade do exercício dos dons é a edificação da igreja. Todos os dons espirituais são dons para o serviço. Não são dados para o uso egoísta, mas, sim, para o uso altruísta, isto é, para servir a outras pessoas.

Ainda dentro desses objetivos Paulo nos apresenta as evidências do crescimento espiritual da igreja.

A MATURIDADE ESPIRITUAL OU SEMELHANÇA COM CRISTO. *Até que cheguemos à unidade da fé e do pleno conhecimento do Filho de Deus, à perfeita varonilidade, à medida da estatura da plenitude de Cristo* (Ef 4.13). O nosso alvo é o crescimento espiritual. Cristo é a nossa vida, o nosso exemplo, o nosso objetivo, a nossa força. Devemos imitá-lo e chegar à plenitude da sua estatura. A igreja impõe aos seus membros nada menos que a meta da perfeição. Precisamos ser um reflexo do próprio Cristo, pois ele vive em nós.

A ESTABILIDADE ESPIRITUAL. *Para que não mais sejamos como meninos, agitados de um lado para outro e levados ao redor por todo vento de doutrina, pela artimanha dos homens, pela astúcia com que induzem ao erro* (Ef 4.14). Naturalmente devemos ser semelhantes às crianças na sua humildade e inocência (Mt 18.3; 1Co 14.20), mas não na sua ignorância nem na sua instabilidade. As crianças instáveis são como barquinhos num mar tempestuoso, inteiramente à mercê dos ventos e das ondas. A palavra grega usada por Paulo sugere a fúria das águas. Trata-se de uma agitação tão violenta que pode tontear uma pessoa.

Um crente maduro não é jogado de um lado para o outro pelas novidades espirituais que surgem no mercado da fé. Há crentes que embarcam em todas as ondas de novidades heterodoxas que assaltam a igreja e jamais se firmam na verdade. Vivem atrás de experiências e não têm discernimento para identificar os falsos ensinos. Os modismos vêm e passam. As novidades religiosas são como goma de mascar: logo perdem o doce e então as pessoas começam a mastigar borracha e logo precisam de outra novidade.

SEGUIR A VERDADE EM AMOR. *Mas, seguindo a verdade em amor, cresçamos em tudo naquele que é a cabeça, Cristo* (Ef 4.15). A verdade sem amor é brutalidade, mas amor sem verdade é hipocrisia. *Leais são as feridas feitas pelo que ama, porém os beijos de quem odeia são enganosos* (Pv 27.6). Aquilo que os cristãos defendem e a maneira como o fazem, isso deve estar em contraste total com os homens mencionados no versículo 14. Esses homens enganam os outros em benefício próprio, ao passo que o cristão deve levar adiante a verdade a fim de prover benefício espiritual a outros, e deve fazer isso de uma forma tão cativante como só o amor é capaz de fazer.

A COOPERAÇÃO ESPIRITUAL. *De quem todo o corpo, bem ajustado e consolidado pelo auxílio de toda junta, segundo a justa cooperação de cada parte, efetua o seu próprio aumento para a edificação de si mesmo em amor* (Ef 4.16). É somente de Cristo, como Cabeça, que o corpo recebe toda a sua capacidade para crescer e para desenvolver sua atividade, recebendo assim uma direção única para funcionar como entidade coordenada. Cada membro do corpo, não importa quão insignificante pareça ser, tem um ministério importante a exercer para o bem do corpo. O corpo cresce quando os membros crescem. E os membros crescem quando alimentam uns aos outros com a Palavra de Deus. Crianças não podem cuidar de si mesmas sozinhas. Nós precisamos uns dos outros. Um cristão isolado não pode ministrar a outros nem receber ministração.

Temos aqui a visão de Paulo para a igreja. A nova sociedade de Deus deve demonstrar amor, unidade, diversidade e maturidade sempre crescentes. Estas são as características de uma vida digna da vocação com que fomos chamados.

6

Uma igreja bela

Existem três métodos de interpretar o livro de Cantares: o método literal, o moral e o alegórico. Há aqueles que olham para este livro apenas como uma história de amor entre marido e esposa. Há aqueles que pensam que este livro foi escrito para combater a poligamia e mostrar o ideal do casamento monogâmico. Mas há também aqueles que creem que Cantares foi escrito com o propósito de retratar o profundo e místico relacionamento entre Cristo e a igreja.

Tanto a escola de Antioquia como a escola de Alexandria, tanto a literal como a alegórica, podem ser usadas na interpretação do livro, pois ambos os relacionamentos, seja entre marido e mulher, seja entre Cristo e a igreja, são perfeitamente retratados neste belíssimo livro poético. Hipólito, o primeiro comentarista cristão, interpretou Cantares como uma descrição do relacionamento entre Cristo e a igreja. Foi seguido por Atanásio, Gregório de Nissa, Jerônimo, Crisóstomo e Agostinho.

Desta maneira, queremos olhar para o texto de Cantares 6.10 como uma descrição da beleza da igreja: *Quem és tu que aparece como a alva do dia, formosa como a lua, pura como o sol, formidável como um exército com bandeiras?* A igreja é descrita como noiva, vinha, rebanho, família, herança, menina dos olhos de Deus. A igreja é bela. Nela está a glória de Deus. Embora olhemos para a igreja hoje e enxerguemos mácula, fraqueza e timidez, esse texto nos revela o que a igreja é, o que ela tem sido e o que ela deve continuar a ser em seu relacionamento com o Senhor.

A igreja é como a alva do dia – o que a igreja é para si mesma

Algumas verdades preciosas podem ser aqui consideradas.

COMO A ALVA, A IGREJA IRROMPE NO MEIO DAS TREVAS. A igreja foi chamada das trevas para a luz. Onde a igreja está, as trevas não prevalecem. A igreja é luz. Ela traz a luz. É como a luz da aurora que brilha mais e mais até ser dia perfeito. A igreja invade as trevas da noite; ela dissipa as trevas. É como o romper da alva. Nós somos filhos da luz. Somos filhos do dia. Como a alva, a igreja aparece belamente, iluminando todas as coisas. As trevas são invadidas e vencidas pela luz. A escuridão fecha suas cortinas, e a luz brilha, ocupando todos os espaços.

O mundo vivia mergulhado em densas trevas: filosóficas, morais e espirituais. As grandes transformações sociais foram resultado da presença da igreja de Cristo. A igreja de Cristo transformou desertos em jardins, prisões em palácios, e onde havia escuridão ela chegou como a alva do dia. Vamos destacar aqui três aspectos dessa mudança.

a. A dignidade da mulher. A mulher era uma propriedade do pai e do marido. O evangelho anunciado pela igreja devolveu à mulher a dignidade que tinha na criação.

b. a dignidade das crianças. O pai tinha direito de vida e morte sobre o filho. Podia casá-lo, divorciá-lo, vendê-lo, escravizá-lo e até matá-lo. O evangelho proclamado pela igreja devolveu às crianças a sua dignidade.

c. a abolição da escravatura, as transformações sociais e as instituições filantrópicas. Todas essas mudanças foram resultado da presença da igreja e da pregação do evangelho.

Como a alva, a igreja traz o despertamento do sono. A noite é marcada pela escuridão e pelo sono. A noite é marcada pelo estado de inconsciência. Mas, quando a alva irrompe, acaba-se o tempo da sonolência. A alva carrega em suas asas o tempo de acordar, de levantar-se, de agir. Onde a igreja chega, as pessoas levantam-se do sono da morte. Onde a igreja chega, anuncia: *Desperta ó tu que dormes, levanta-te de entre os mortos e Cristo te iluminará* (Ef 5.14). A alva é o tempo de uma nova vida. O sono e o estado de inconsciência já passaram. Há um senso de renovação e revigoramento com o amanhecer. Paulo diz: *Já é hora de vos despertardes do sono; porque a nossa salvação está agora mais perto do que quando no princípio cremos. Vai alta a noite e vem chegando o dia. Deixemos, pois, as obras das trevas, e revistamo-nos das armas da luz. Andemos dignamente, como em pleno dia, não em orgias e bebedices, não em impudicícias e dissoluções, não em contendas e ciúmes; mas revesti-vos do Senhor Jesus Cristo, e nada disponhais para a carne, no tocante às suas concupiscências* (Rm 13.11-14).

Como a alva, a igreja traz refrigério. A noite pode ter sido escura, abafada, solitária e opressiva, depois de um dia escaldante, mas a manhã sempre traz uma brisa refrescante. A manhã é sempre um tempo de entusiasmo, de recomeço, de alegria. O romper da alva é ungido pelo orvalho do céu. É no romper da alva que os pássaros cantam e as flores desabrocham.

É pela manhã que Deus renova as suas misericórdias. A promessa é que o choro pode durar uma noite inteira, mas a alegria vem pela manhã.

A igreja é como a alva. Ela traz luz na noite escura do sofrimento e do pecado. Ela proclama a possibilidade de um novo recomeço. A igreja é como o bálsamo do céu. É instrumento de consolo, de alívio, de esperança. Onde quer que reine o desespero das trevas, a igreja aparece como a luz da manhã e abre as portas de um novo dia. Como a alva, a presença da igreja no mundo é a promessa e garantia de um novo e perfeito dia. A igreja é como a alva. No começo é pequena, mas à medida que vai crescendo e avançando, triunfa sobre as trevas e nos dá a garantia de que um dia pleno, cheio de Deus, está prestes a nascer. Em breve estaremos com o Senhor no céu. Lá não haverá noite. Lá não precisaremos da luz do sol nem da lua. Lá vamos brilhar como o Sol no firmamento. Lá vamos refletir a glória do Senhor. O Cordeiro é a lâmpada que brilhará eternamente sobre nós. Toda a eternidade será como um dia pleno e perfeito.

A igreja é formosa como a lua
– o que a igreja é para o mundo

Quatro verdades devem ser aqui observadas.

A igreja, como a Lua, reflete a sua beleza inefável no mundo. Assim como os luminares da noite e do dia exercem um papel de indizível importância na terra, também a igreja é importante para o mundo. Se a igreja desaparecesse da terra, o mundo pereceria. A igreja é bela. Ela é a noiva do Cordeiro. É uma diadema de glória na mão do Senhor. Nela está a glória do Senhor. Ela é a poesia de Deus. Jesus se deleita com a igreja como um jovem se alegra da sua noiva. Ela está vestida de vestiduras brancas, de linho finíssimo. É formosa como a luz. A beleza de Cristo resplandece na igreja e através da igreja. Ela reflete a beleza do amor de Deus e existencializa a beleza da graça de Deus no mundo. Ela se adorna com os atributos comunicáveis de Deus e revela a beleza de Cristo ao mundo. É o corpo de Cristo em ação no mundo. O mundo vê Cristo através da igreja. Como a Lua tem inspirado poetas e cantores e tem sido inspiração para muitos, a igreja de Cristo também tem inspirado muitas pessoas a viverem para a glória de Deus, a cantarem nas noites escuras e a se consagrarem ao Senhor.

A IGREJA, COMO A LUA, REFLETE A LUZ DE CRISTO NO MUNDO. A Lua não tem luz própria. Ela reflete a luz do Sol. Cristo é o Sol da Justiça. Embora a luz da Lua seja emprestada do Sol, jamais fenece. Quem pode medir a importância da luz? A luz é símbolo de pureza, vida, direção, fertilidade, calor, transformação. Sem a luz, não poderíamos ver beleza alguma na terra. A Lua ilumina a noite, refletindo a luz do Sol que está oculta aos olhos da noite. A Lua brilha com a luz do Sol; ela reflete o Sol. Não tem luz em si mesma. Só brilha porque reflete a luz do Sol. Assim também é com a igreja. Ela é chamada para refletir a luz de Cristo no mundo. Cristo é a verdadeira luz que vinda ao mundo ilumina a todo homem. A igreja só pode brilhar na medida em que reflete a luz de Cristo, na medida em que se mantém em comunhão com Cristo.

A IGREJA, COMO A LUA, PASSA POR DIVERSAS FASES. A Lua passa por quatro fases distintas: nova, crescente, cheia e minguante. Há momentos em que a igreja parece apagada na história; outras vezes, ela está avançando como a fase crescente. Há tempos de avivamento em que ela brilha plenamente, e também há momentos de crise, quando a igreja parece atravessar a fase minguante. Porém, a Lua jamais deixa de seguir o seu curso e cumprir a sua missão. Assim é a igreja. Ela pode passar por dificuldades, por crises, por lutas, mas é sempre vitoriosa. Ela passa por momentos de desânimo, mas logo depois começa a crescer e se torna vigorosa.

A IGREJA, COMO A LUA, É UMA FAXINEIRA DO MUNDO. A Lua é que determina o processo das marés, do fluxo e refluxo das ondas. Não fosse a Lua, os oceanos entupiriam as praias de lixo e a vida seria impossível na Terra. A igreja é como a Lua. A igreja tem um ministério de limpeza no mundo. Se a igreja fosse retirada do mundo, este apodreceria em seu pecado. A igreja é como o sal da terra. Ela impede a decomposição do mundo. A presença da igreja no mundo é purificadora.

A igreja é pura como o Sol
– o que a igreja é em relação ao seu Senhor

Vamos considerar três verdades sugestivas.

O SOL É SÍMBOLO DE PUREZA, POIS O FOGO E O CALOR DO SOL A TUDO DEPURAM. Embora a igreja ainda viva no mundo e lute contra o pecado, aos olhos de Deus, ela já está na glória, onde o pecado não entrará. Aos olhos de Deus, a igreja já é pura. Aos olhos de Cristo, a igreja já é sua noiva imaculada, sem mancha nem ruga. Aos olhos de Cristo, a igreja já está adornada para as bodas, pura como o Sol. O mundo olha para a igreja e ainda vê escuridão e impurezas, mas o Senhor olha para a igreja e a vê resplandecente, gloriosa, pura como o Sol. Porque o Sol da Justiça está sobre ela, a igreja é pura aos olhos de Deus. Já foi justificada. Agora nenhuma condenação há mais sobre ela, que é portadora da sua glória. Os justos brilharão como o Sol no firmamento (Mt 13.43). Nós seremos como Cristo, pois o veremos como ele é. Quando Cristo, que é a nossa vida, se manifestar, nós apareceremos com ele em glória (1Jo 3.2). Os cristãos devem ser puros como o Sol em sua vida, consciência e fé. A igreja é o tabernáculo de Deus, que, embora seja feito de acácia, é todo revestido de ouro. Se a acácia remete à nossa natureza falida, o ouro remete à glória de Deus. A acácia foi tragada pelo ouro, assim como a glória de Deus cobriu a nossa fraqueza.

COMO O SOL, A IGREJA TRAZ LUZ E VIDA AO MUNDO. Quem pode definir a importância da luz? Sem a luz, não há vida. Sem a luz, não poderíamos contemplar as belezas da criação de Deus. Sem a luz, a vida desapareceria. Sem a luz, a Terra seria uma prisão. Se amanhã o Sol não se levantasse, como seria a Terra? As máquinas não funcionariam. A agricultura cessaria. Os alimentos não seriam produzidos. Toda a vida animal e vegetal expiraria. Esta é a importância da igreja no mundo. Sem a igreja, a sociedade seria um caos. O Sol produz o fenômeno da fotossíntese nas plantas. Sem a luz e o calor do Sol, não haveria vida nem vegetal nem animal. Da mesma forma, a presença da igreja produz vida e transformação espiritual no mundo. Onde a igreja está, aí ela transmite a vida de Deus, calor, energia. A igreja é o corpo de Cristo em ação no mundo. É o prolongamento da encarnação de Cristo na terra.

COMO O SOL, A IGREJA IRRADIA LUZ E CALOR. A igreja é a luz do mundo. A igreja brilha como luzeiro no mundo. Como a luz, a igreja aponta direção, ilumina, aquece, purifica e traz calor às pessoas. Sem a presença da igreja, o mundo estaria mergulhado em densas trevas. Sem a presença da igreja, reinaria a morte, o desespero e a confusão no mundo.

A igreja é terrível como um exército com bandeiras – o que a igreja é para os inimigos de Deus

Destacamos quatro pontos importantes.

A IGREJA É UM EXÉRCITO SOB O COMANDO DO SUPREMO GENERAL. A igreja sobre a terra é uma igreja militante. Cada crente é um soldado do exército de Deus, sob as ordens de Cristo, o comandante-chefe. Fomos chamados para lutar contra o diabo, o mundo e a carne. Fomos alistados para declarar guerra ao pecado, a toda sorte de ignorância, superstição, vício e imoralidade. Até o dia do triunfo final, devemos lutar para levar pessoas, cativas pelo amor de Deus, aos pés do comandante Jesus Cristo. Nosso comandante já destronou o inimigo. Ele já pisou na cabeça do inimigo. Já desfez as obras do inimigo. Já triunfou sobre o inimigo e o expôs ao desprezo. Ser cristão é alistar-se no exército de Deus. A vida cristã não é um retiro espiritual nem uma colônia de férias. Ser cristão é entrar num combate sem trégua. Ser cristão é pertencer à tropa celestial. Ser cristão é viver sob as ordens de Cristo. Ser cristão é ser submisso e obediente a Cristo. Não podemos lutar sem obedecermos às normas. Não podemos entrar no combate sem nos submetermos ao comandante-chefe que é Cristo. A igreja é um exército com vários pelotões, guerreando em várias frentes, mas todos pela mesma causa, sob as ordens do mesmo comandante.

A IGREJA É UM EXÉRCITO EM MARCHA. A igreja não é um exército medroso e tímido como o exército de Saul, que fugia diante do gigante Golias. A igreja é um exército que avança contra as portas do inferno e quebra os ferrolhos de bronze, arrancando vidas da potestade de Satanás para Deus, livrando-as da casa do valente e do império das trevas. Jesus disse: *Eu edificarei a minha igreja e as portas do inferno não prevalecerão contra ela* (Mt 16.18). A igreja não bate em retirada. Avança sempre. Ela não teme a morte. Não teme perigos. Os soldados de Cristo não abandonam a luta. Quem abandona é porque nunca foi um verdadeiro soldado. O soldado de Cristo nunca dá as costas para o inimigo. Na panóplia de Deus, não existe proteção para as costas.

A IGREJA É UM EXÉRCITO EQUIPADO PARA O COMBATE. A igreja tem toda a armadura de Deus. Ela não luta com armas carnais, mas com armas espirituais, poderosas em Deus, para desfazer sofismas. Ela está equipada com o cinturão da verdade, com o escudo da fé, com o capacete da salvação, com as sandálias da preparação do evangelho, com a espada do Espírito, concentrada com toda oração. A igreja não entra no combate confiante na sua própria força, mas se reveste com o poder de Deus. A igreja não entra no combate sem saber contra quem está lutando. Não faz do aliado inimigo, nem do inimigo aliado. Declara guerra contra o diabo e suas hostes. Odeia o mal. Abomina o pecado. É um lugar de abrigo para os penitentes, mas um terror para as hostes da iniquidade.

A IGREJA É UM EXÉRCITO VITORIOSO. A igreja é um exército conquistador. As suas bandeiras não estão enroladas, mas estão tremulando. O diabo treme quando a vê. Um crente piedoso é uma poderosa arma nas mãos de Deus. Um crente piedoso é um terror para o inferno: *Eu conheço a Jesus e sei quem é Paulo, mas vós quem sois?* (Atos 19:15). A rainha da Escócia temia mais as orações de John Knox que os exércitos da Inglaterra. A igreja vence o diabo, destrona o mal, triunfa sobre a iniquidade, vence o mundo com a fé e conquista os perdidos para Cristo. Ela saqueia o inferno. É cooperadora de Deus na sua obra.

Invade os antros do pecado. Leva a luz de Cristo na escuridão onde os homens se embriagam, adulteram e se corrompem. A igreja é ganhadora de almas, um exército vencedor. A igreja é imbatível. Os homens podem levar a igreja para as grades, para as prisões e até mesmo para a morte, mas nem o diabo nem o mundo podem derrotar a igreja. Ela é mais que vencedora em Cristo Jesus. A igreja vence o dragão pelo sangue do Cordeiro e pela palavra do testemunho. Com a morte, a igreja vence aquele que tem o poder da morte, porque prefere morrer a negar o seu comandante. A igreja é um terror para os inimigos de Deus e para os que praticam o mal. Ela é invencível. Ela é como o seu comandante. Cristo é o libertador dos cativos, mas é também o atormentador dos demônios. A ordem de Jesus aos demônios é: "Saia!". O mal está sempre dizendo para a igreja como o endemoninhado disse para Jesus: "Deixem-nos sozinhos". Mas a igreja precisa confrontar o mal. Ela jamais pode ignorar o mal. Não pode calar sua voz nem deixar de usar a espada do Espírito. A ordem da igreja é: "Retira-te, espírito imundo!".

A igreja está chamando os eleitos de Deus das trevas para a luz, da morte para vida, da escravidão para a liberdade, das fileiras do diabo para se alistarem no exército de Cristo. O exército de Cristo é como o exército de Davi, formado por homens angustiados, endividados. Os soldados de Cristo são pecadores arruinados que se arrependem e são aceitos e se rendem ao Senhor. Cada convertido é um novo soldado alistado. Estar no exército de Cristo e amar o mundo é uma traição. Estar no exército e não empunhar as armas é uma omissão covarde. Nossas bandeiras devem estar desfraldadas. Devemos avançar sempre. Nosso lema é vencer e vencer. Em breve a guerra acabará e, então, reinaremos com Cristo para sempre! A igreja descrita por este texto não é uma instituição, mas um organismo. Não é um prédio; é você. Você é a igreja. Você é a promessa de um tempo novo no seu lar, na sua escola, no seu trabalho. Você pode ser como o romper da alva onde quer que Deus o tenha colocado. Você pode ser uma luz na escuridão da sua família. Você pode viver de maneira bela e agradável a Deus e refletir a luz de Cristo, assim como a luz reflete a luz do Sol. Você pode ter uma vida pura como o Sol e levar calor e vida para o seu lar e para este mundo imerso em profundas trevas. Você é um conquistador. Você é um guerreiro. Você está alistado para travar as guerras do Senhor. Jesus é o comandante-chefe. Você precisa guerrear sob suas ordens, com as suas armas, obedecendo às suas estratégias e usando o seu poder. Você não é um derrotado; é mais que vencedor!

7
Uma igreja amada

Este texto fala acerca do mais profundo amor de um noivo pela sua noiva. Este é um amor em grau superlativo. É o maior casamento do Universo. Todas as nações são convidadas a verem o esplendor da noiva. Ela é bela, resplandecente e se casa com a Pessoa mais importante do Universo. Convido o leitor a examinar Isaías 62.1-12. Há algumas lições preciosas que podemos aqui destacar.

Um fervoroso clamor pela noiva

O profeta Isaías ergue sua voz num clamor apaixonado em favor de Jerusalém, símbolo da igreja, a noiva de Cristo. Ele recorre a dois meios: pregação (Is 62.1,2) e intercessão (Is 62.6,7).

O contexto é o cativeiro na Babilônia. A cidade de Jerusalém havia sido destruída, arrasada, desabitada e estava debaixo de opróbrio. Por muitos anos, a cidade permanecera desolada e entulhada de escombros. O profeta olha então para essa cidade, a cidade de Deus, e não se conforma com a crise presente. Mas, ao olhar para a frente, vê o esplendor da cidade, sua glória, sua majestade.

A cidade de Jerusalém é um símbolo da igreja. A cidade de Jerusalém e a Noiva de Jesus são duas figuras superpostas.

Em Apocalipse 21, quando João é chamado a subir a uma alta montanha para ver a cidade santa, ele vê a Noiva do Cordeiro. A cidade e a Noiva são símbolos da igreja. Não nos podemos conformar com a desolação da igreja. Precisamos levantar-nos também para falar a ela e orar por ela. Como deve ser essa intercessão?

É UM CLAMOR MOTIVADO PELO AMOR (Is 62.1). O que move o profeta a pregar e a interceder por Jerusalém é seu amor pela cidade. Só intercede pela igreja quem a ama. A igreja é a noiva do Cordeiro; ela é amada no céu e deve ser amada na terra. Em favor dela, devemos levantar o nosso amoroso clamor. Não nos podemos aquietar ao ver a igreja do Deus vivo sendo envergonhada, humilhada, tornando-se objeto de opróbrio. Ela foi destinada a ser uma coroa de glória. Sua glória precisa ser vista pelas nações. Ela é o luzeiro do mundo.

É UM CLAMOR MARCADO PELO SENSO DE URGÊNCIA (Is 62.2). O profeta confessa que não pode calar-se nem se aquietar enquanto o seu pedido em favor da igreja não for respondido. Ele tem pressa e não está disposto a desistir. Qual é o motivo do seu clamor? A manifestação da justiça e da salvação da noiva. Ele clama por uma reavivamento espiritual. Clama para que a glória da igreja seja vista, para que sua justiça seja manifesta, para que seu esplendor resplandeça diante dos homens. Ele quer que o tempo de opróbrio seja deixado para trás. Oh! Quantas vezes olhamos e vemos escândalos, vexame, opróbrio, enquanto a justiça e o esplendor da igreja deveriam ser manifestados ao mundo.

É UM CLAMOR PERSEVERANTE (Is 62.6). Ele clama noite e dia. Seu pedido é não apenas urgente, mas também perseverante. O avivamento da igreja, o despertamento da noiva, é uma necessidade que não pode mais esperar. Temos clamado pela igreja com perseverança? Temos colocado a noiva do Cordeiro a cada dia no altar? Temos colocado a nós mesmos na brecha em favor do povo de Deus?

É UM CLAMOR FIRMADO NAS PRÓPRIAS PROMESSAS DE DEUS (Is 622.6). Precisamos orar firmados nas próprias promessas de Deus. Devemos lembrar a Deus o que ele prometeu em sua Palavra. Ele vela por cumpri-la. Todas as grandes orações registradas na Bíblia estão fundamentadas nesse princípio. Salomão, ao orar, citou as palavras de Deus. Daniel, ao orar, citou as promessas. Neemias, ao orar, reivindicou as promessas de Deus. Ora segundo a vontade de Deus aquele que ora com base nas promessas de Deus.

É UM CLAMOR FATIGANTE (Is 62.6). Devemos orar sem esmorecer. Devemos orar sem desanimar. Nada nos pode deter nessa busca. A igreja não pode continuar sendo motivo de opróbrio. Nada é mais difícil para um homem carnal do que orar. A oração provoca-lhe sono e cansaço. Ele se ajoelha e em cinco minutos já não tem mais o que falar. A oração é fruto da intimidade com Deus. Não temos longas conversas com estranhos. Só gostamos de conversar com quem temos intimidade.

É UM CLAMOR IMPORTUNO (Is 62.7). O texto diz que não devemos dar descanso a Deus. Devemos bater à porta da graça e insistir nessa causa. Muitos oram pouco; outros não oram o suficiente. Alguns começam e logo desistem. Muitos não têm paciência para esperar o tempo de Deus. A Bíblia nos ensina a orar e a insistir com Deus. Devemos ser como o amigo que foi pedir pão à meia-noite. Devemos ser como a viúva inconveniente.

É UM CLAMOR ESPECÍFICO (Is 62.7). O intercessor sabe o que está pedindo e acha-se disposto a continuar pedindo até ver sua oração respondida. Ele não pede prosperidade, nem cura, nem milagres, nem sucesso. Quer algo maior. Quer que Jerusalém seja estabelecida. Quer que ela seja um objeto de louvor na terra. Oh! Quantas vezes nossas orações são marcadas por um doentio egoísmo! "Senhor, abençoa minha vida, minha família, minha saúde, minha parentela", enquanto devíamos orar com mais fervor pela restauração da igreja. Paulo orou para que a igreja fosse revestida de poder. Ele derramava sua alma em favor da igreja para que ela fosse um objeto de louvor na terra.

O valor da noiva

Destacamos aqui três verdades importantes.

A NOIVA TEM UM NOVO NOME (Is 62.2). Deus mudou a nossa sorte. Ele nos tirou da morte, das trevas, da escravidão. Deu-nos um novo coração, uma nova vida, um novo nome. Somos novas criaturas. Somos adotados na família de Deus. Deus é o nosso Pai. Jesus é o nosso irmão primogênito. Somos herdeiros de Deus. Somos coparticipantes da natureza divina. O nosso nome está escrito na palma da mão de Deus. Está registrado no Livro da Vida. Fomos selados com o Espírito Santo. Somos propriedade exclusiva de Deus. Somos filhos, herdeiros, a menina dos olhos de Deus.

A NOIVA TEM UM NOVO *STATUS* (Is 62.4). Nunca mais a igreja será chamada Desamparada ou Desolada. Jamais será escarnecida, ultrajada. O amor do Noivo é transcendental. Ele perdoa sua noiva, restaura-a, transforma-a e a recebe como se jamais ela tivesse sido infiel. Seu passado de vergonha é cancelado. Sua infidelidade é curada e perdoada. Agora é uma noiva aceita, amada. O Senhor desposa a noiva. Como Oseias perdoou Gômer e a desposou, Deus nos perdoa, nos restaura e nos desposa. Jesus não amou uma noiva perfeita. Estávamos perdidos, cegos, endurecidos e mortos. Éramos filhos da ira e andávamos desgarrados como ovelhas. Mas ele nos amou e pôs o seu coração em nós.

A NOIVA TEM UM NOVO RELACIONAMENTO (Is 62.4). Em vez de trazer desgosto para seu noivo, a noiva agora é sua delícia. Deus não olha para você com nojo; ele não vira o rosto. Ele olha para você com doçura, com ternura. Você é filho, herdeiro, ovelha, propriedade exclusiva, herança, a menina dos olhos, a delícia de Deus. Ele se deleita em você. Ele está encantado com você. Deus o considera coberto com a justiça de Cristo. Nossa justiça jamais seria suficiente. É como trapo de imundície. Mas Cristo nos cobriu com seu manto de justiça. Seu sangue nos lavou. Agora não temos mais condenação. Agora somos aceitos no amado. Agora o ouro da glória de Deus cobre a madeira retorcida da acácia. Somos o santuário onde Deus habita (Êx 25.8).

O esplendor da noiva

Destacamos aqui dois pontos importantes.

A NOIVA É UMA COROA DE GLÓRIA NA MÃO DO SENHOR (Is 62.3). Quando o profeta quis descrever o fulgor dessa noiva, não encontrou nenhuma expressão mais forte que coroa de glória. Símbolo de vitória, de realeza, de conquista. A noiva é bela, é encantadora, é esplendorosa, é vitoriosa e está na mão do Senhor.

Apocalipse 21.9-27 descreve a beleza dessa noiva:
1. Ela é bonita por fora (v. 11).
2. Ela é bonita por dentro (v. 19).

3. Ela está edificada no fundamento dos apóstolos (v. 14).
4. Ela é aberta a todos (v. 13).
5. Ela não é aberta a tudo (v. 27).
6. Ela não faz distinção (v. 16).
7. Ela é gloriosa (v. 18).
8. Ela tem total intimidade com Deus (v. 22).
9. Ela obedece ao seu Senhor (22.3).
10. Ela reinará com Cristo (22.5).

A NOIVA É UM DIADEMA REAL NA MÃO DE DEUS (Is 62.3). O diadema era uma coroa do conquistador. A igreja é a escrava resgatada, amada, conquistada por Jesus para ser sua noiva. Ele a apresenta como uma coroa, um diadema real. A igreja é um troféu da graça de Deus. É a escrava resgatada que se tornou noiva. Será apresentada bela, santa, sem ruga nem defeito. Receberemos um novo corpo, um corpo de glória semelhante ao corpo do Senhor Jesus. Brilharemos como o Sol e como as estrelas. Nem olhos viram nem ouvidos ouviram o que Deus preparou para aqueles que o amam. O velho hino diz: "Metade da glória celeste, jamais se contou ao mortal".

O amor do noivo

Destacamos aqui três pontos importantes.

A IGREJA É DESPOSADA PELO NOIVO (Is 62.5). Jesus se dispõe a casar-se com a igreja. Fez dela sua noiva, sua amada. Não a deixou desamparada, mas a acolheu, se entregou por ela e a amou com amor eterno. Ele deixou a glória e veio ao mundo. Fez-se carne. Fez-se pobre. Suportou o escárnio, a zombaria, as cusparadas, as afrontas, a ignomínia da cruz para desposar essa noiva. Atraiu-a com cordas de amor. Morreu para dar a ela a vida eterna. Oh, sublime amor, antigo amor, bendito amor! Ele nos amou e a si mesmo se entregou por nós. Entrou numa aliança eterna conosco e não desiste de nós mesmo quando pecamos contra ele. Seu amor é eterno, perseverante, santificador, sacrificial.

A IGREJA É A ALEGRIA DO NOIVO (Is 62.5). A igreja é a amada de Cristo. Quem toca nela, toca na menina dos seus olhos. Você tem valor para Jesus. Como um noivo se alegra na noiva, assim ele se alegra em você. De todos os tesouros da terra, de todas as belezas do Universo, o que mais alegria dá ao coração de Jesus é você. Ele suportou a ignomínia da cruz por causa da alegria que lhe estava proposta, a alegria de conquistar o seu coração. Ele viu o penoso trabalho da sua alma e ficou satisfeito. Conquistar você, ter você, esta foi a herança que o Pai deu a Jesus.

A IGREJA É A DELÍCIA DO NOIVO (Is 62.4). A expressão é mais forte do que alegria. A igreja é o prazer supremo do noivo. Há alegria diante dos anjos por um pecador que se arrepende. Cristo cuida de você, perdoa você, dá a você a vida eterna. Você é a delícia de Deus. Você encanta os olhos de Deus. O coração de Jesus salta de prazer e delícias em ter você para ele. Ele anseia por você com ciúmes. Você vale mais do que finas joias. Aquele que é feliz em si mesmo, que tem tudo em si mesmo e que é dono de tudo, o Senhor, se delicia em você.

As promessas do noivo

Destacamos aqui dois pontos.

A PROTEÇÃO DO NOIVO (Is 62.8). Deus jura por si mesmo porque não tem ninguém maior a evocar e jura nos proteger do inimigo. Somos um povo mais que vencedor. Somos vitoriosos.

O inimigo foi desbaratado. Já triunfamos com Cristo. Já estamos assentados com ele nas regiões celestiais. A Babilônia havia levado embora todo o fruto do trabalho do povo de Deus. Eles trabalharam, mas não desfrutaram. Agora, porém, Deus promete que o inimigo não mais saqueará o povo de Deus. Deus é o nosso protetor. Ele é o nosso defensor. Ainda que se levante contra nós o próprio inferno, ainda assim seremos mais que vencedores. O apóstolo Paulo fez cinco perguntas gloriosas:
1. Se Deus é por nós, quem será contra nós?
2. Aquele que não poupou ao seu próprio Filho, antes por todos nós o entregou, porventura não nos dará graciosamente com ele todas as coisas?
3. Quem os condenará?
4. Quem intentará acusação contra os eleitos de Deus?
5. Quem nos separará do amor de Cristo?

A FRUIÇÃO DAS BÊNÇÃOS DO NOIVO (Is 62.9). Vamos experimentar a posse das bênçãos desde agora. A bem-aventurança não é apenas para uma vida futura, mas para agora. Vamos plantar e colher. Vamos sentir o sabor do céu desde agora. Vamos deleitar-nos em Deus e nas suas bênçãos desde já. Nada nem ninguém neste mundo ou no porvir poderá nos impedir de louvar a Deus, de nos deleitarmos em Deus e nas suas gloriosas dádivas.

A vinda do noivo

Destacamos aqui quatro verdades.

A PREPARAÇÃO PARA A VINDA DE CRISTO (Is 62.10). Jesus vem. Precisamos estar preparados. Precisamos preparar o caminho, aterrar a estrada, limpar as pedras e arvorar a bandeira.

Ele vem em majestade e glória. Precisamos estar atentos. As quatro fases das bodas judaicas são: noivado + preparação + vinda + festa.

O ESPLENDOR DA VINDA (Is 62.11). A vinda de Cristo é pessoal, física, visível, audível, poderosa e gloriosa. Todo o olho o verá. Ele faz ouvir a sua voz até as extremidades da terra. Para a igreja, é a chegada do Salvador. Para o mundo incrédulo, é a chegada do Juiz. Ele não virá como servo sofredor. Não virá montado num jumentinho, mas virá nas nuvens, com grande poder e muita glória. Será acompanhado de um séquito de anjos. Os remidos glorificados voltarão com ele. Será um dia glorioso!

A RECOMPENSA DA VINDA (Is 62.11). O noivo vem não apenas em glória, mas recompensa o seu povo. Ele não é apenas Salvador, mas galardoador. Até um copo de água fria que você der a alguém jamais ficará sem recompensa. Quem receber uma criança em seu nome, recebe a Cristo, e quem o recebe, recebe quem o enviou. Muitos entrarão no céu com cheiro de fumaça, mas outros receberão galardões. A prestação de contas não é aqui. Se formos achados fiéis, receberemos a coroa da vida, a coroa da justiça e a coroa da glória. Então ouviremos: "Bem está, servo bom e fiel; foste fiel no pouco, agora sobre o muito te colocarei. Vinde, benditos de meu Pai, entrai na posse do Reino que vos está guardado desde a fundação do mundo".

A BEM-AVENTURANÇA ETERNA DA NOIVA NA VINDA DO NOIVO. Não haverá mais pecado nem maldição. Não haverá mais dor nem lágrimas ou luto. Seremos redimidos não só da condenação e do poder do pecado, mas também da sua presença. Seremos um povo santo, remido do Senhor. Entraremos na glória não por nosso próprio esforço, não por nossas obras, não por nosso crédito, mas seremos o povo redimido do Senhor. Você já faz parte dessa igreja amada, a noiva do Cordeiro? Você já tem experimentado o amor de Deus derramado em seu coração? Seu nome já está escrito no Livro da Vida? Você já foi atraído por ele e para ele com cordas de amor? Hoje é o dia da sua entrega, da sua decisão. A festa já foi preparada. O banquete está pronto. Venha para as bodas!

8
Uma igreja desposada

O texto em apreço registra o momento culminante da história da humanidade. Apocalipse 1-11 aborda a perseguição do mundo em relação à igreja e como Deus enviou seus juízos sobre ele. Em Apocalipse 12-22, essa batalha se torna cada vez mais renhida. Agora, o dragão, o anticristo, o falso profeta e a grande meretriz se juntam para perseguir o Cordeiro e a sua igreja.

Nos capítulos 17 e 18 de Apocalipse, vemos como o sistema do mundo, representado pela religião falsa e os sistemas político e econômico, entra em colapso.

Agora João tem a visão da alegria do céu pela queda da Babilônia, a alegria do céu pelas bodas do Cordeiro e a visão da gloriosa vinda e da vitória retumbante de Cristo sobre seus inimigos. Apocalipse 19.1-21 nos ajuda a entender verdades preciosas acerca da igreja desposada.

Os céus celebram o triunfo final de Deus sobre a grande meretriz

A meretriz que corrompia a terra e matava os servos de Deus está sendo julgada (Ap 19.2). A condenação eterna do mal e dos malfeitores é um julgamento justo e verdadeiro. Deus não pode premiar o mal. Ele é ético. Quando a Babilônia caiu, a ordem foi dada no céu: *Exultai sobre ela, ó céus, e vós, santos, apóstolos e profetas, porque contra ela julgou a vossa causa* (Ap 18.20). Jesus está julgando a meretriz, a falsa igreja, e casando-se com sua noiva, a verdadeira igreja. Ao mesmo tempo que a religião prostituída diz "Ai, Ai", a noiva do Cordeiro, a igreja, diz "Aleluia!".

O poder do mundo, que é transitório, está caindo (Ap 19.1). A grande meretriz, o sistema religioso, político e econômico que dominou o mundo e ostentou riqueza, poder e luxúria, entra em colapso. O mundo passa. Na segunda vinda de Cristo, esse sistema estará completamente destruído.

Os céus se regozijam porque Deus está julgando os seus inimigos. Deus está no trono. Dele é a salvação, a glória e o poder. O poder da falsa religião caiu. As máscaras da falsa religião caíram.

A grande meretriz, o falso sistema religioso, é condenada por dois motivos. Primeiro, ela corrompeu a terra com a sua prostituição (Ap 19.2). Levou as nações a se curvarem diante de ídolos. Desviou as pessoas do Deus verdadeiro. Ensinou falsas doutrinas. Esforçou-se para produzir apóstatas em vez de discípulos de Cristo. Segundo, ela matou os servos de Deus (Ap 19.2). A falsa religião sempre se opôs à verdade e perseguiu os arautos da verdade. Ela matou os santos, os profetas, os apóstolos e muitos mártires ao longo da história.

A condenação desse sistema do mundo é eterna (Ap 19.3). Não apenas o mal será vencido, mas os malfeitores serão atormentados eternamente. A Bíblia fala sobre penalidades eternas. Não existe aniquilação, mas tormento sem fim.

A igreja e os anjos adoram a Deus porque ele reina (Ap 19.4-6). Deus sempre esteve no trono. O inimigo sempre esteve no cabresto de Deus. Mas agora chegou a hora de colocar todos os inimigos debaixo dos seus pés. Chegou o dia do julgamento do Deus todo-poderoso. Todos os inimigos serão lançados no lago de fogo. O livro de Apocalipse é o livro dos tronos. Deus agora conquista os tronos da terra. O trono do diabo, do anticristo, do falso profeta, da Babilônia, dos poderosos do mundo, todos os tronos estarão debaixo dos pés de Jesus. Os impérios poderosos cairão. As superpotências econômicas cairão. Os déspotas cairão. Todo joelho se dobrará diante do Senhor. Aleluia porque só o Senhor reina! O coro celestial é unânime: *Aleluia! Pois reina o Senhor, nosso Deus, o Todo-Poderoso* (Ap 19.6).

Os céus celebram o casamento da noiva com o seu noivo, o Cordeiro de Deus

A meretriz é julgada, ao passo que a esposa é honrada (Ap 19.7,8). Enquanto a meretriz, a falsa igreja, é julgada, a verdadeira igreja, a esposa do Cordeiro, é honrada. Enquanto a meretriz tem suas vestes manchadas de prostituição e violência, as vestes da esposa do Cordeiro são feitas do mais limpo, do mais puro e do mais fino dos linhos.

A esposa se atavia, mas as vestes lhe são dadas. A igreja se santifica, mas essa santificação vem do Senhor. A igreja desenvolve a salvação, mas é Deus quem opera nela tanto o querer como o realizar.

Os bem-aventurados convidados para as bodas e a esposa são as mesmas pessoas (Ap 19.9). Essa é uma sobreposição de imagens. A noiva é a igreja, e os convidados para as bodas são todos aqueles que fazem parte da igreja. Os convidados e a noiva são uma e a mesma coisa. A igreja é o povo mais feliz do Universo. A eternidade será uma festa que nunca acaba.

O noivo é descrito como Cordeiro (Ap 19.7). Ele quer ser lembrado por seu sacrifício pelo pecado. Como noivo da igreja, Jesus quer ser amado e lembrado como aquele que deu a vida pela sua amada, a igreja.

As bodas apontam para a consumação gloriosa do relacionamento de Cristo com sua igreja (Ap 19.7). O casamento de Cristo com a igreja será um casamento perfeito, sem crise, sem divórcio. A tradução certa é "esposa" (*gene*), e não "noiva" (*numphe*).[1]

As bodas do Cordeiro podem ser mais bem compreendidas quando examinamos a cultura dos hebreus. O costume matrimonial dos hebreus tinha quatro fases distintas.[2]

O NOIVADO. Era algo mais profundo do que um compromisso de noivado significa para nós. A obrigação do matrimônio era aceita na presença de testemunhas, e a bênção de Deus era pronunciada sobre a união. Desde esse dia, o noivo e a noiva estavam legalmente casados (2Co 11.2).

O INTERVALO. Durante o intervalo, o esposo pagava ao pai da noiva um dote. Nesse tempo, a noiva também se preparava e se ataviava para receber o seu noivo. Devia apresentar-se a ele como noiva santa, pura, sem mácula.

A PROCISSÃO PARA A CASA DA NOIVA. Ao final do intervalo, o noivo saía em procissão para a casa da noiva. O noivo em seu melhor traje era acompanhado de seus amigos que cantavam e levavam tochas, seguindo em direção à casa da noiva. O noivo recebia a noiva e a levava em procissão ao seu próprio lar.

---

[1] LADD, George. *Apocalipse*. São Paulo: Edições Vida Nova, 1980, p. 182.
[2] HENDRIKSEN, William. *Mais que vencedores*. São Paulo: Cultura Cristã, 1965, p. 215-216.

As bodas propriamente ditas. As bodas incluem a festa que durava sete ou quatorze dias. Agora a igreja está desposada com Cristo. Ele já pagou o dote por ela. Ele comprou a sua esposa com seu sangue. O intervalo é o período que a noiva tem para se preparar. Ao final desse tempo, o noivo vem acompanhado dos anjos para receber a sua noiva, a igreja. Agora começam as bodas. O texto registra esse glorioso encontro: *Alegremo-nos e exultemos e demos-lhe glória, porque são chegadas as bodas do Cordeiro, cuja esposa a si mesma já se ataviou* (19.7). As bodas continuam não por uma semana, mas por toda a eternidade. Que dia glorioso será aquele!

Os céus se abrem para a vinda triunfal do noivo, o Rei dos reis

Há vários aspectos nesse texto que são dignos de nota e destaque.

A aparição do noivo, o Rei dos reis (Ap 19.11). João vê Jesus vindo vitoriosamente do céu. O céu se abre. Desta vez, o céu está aberto não para João entrar (Ap 4.1), mas para Jesus e seus exércitos saírem (Ap 19.11). A última cena da história está prestes a acontecer. Jesus virá para a última batalha. É o tempo da grande tribulação. Satanás dará suas últimas cartadas. O anticristo e o falso profeta seduzirão o mundo e perseguirão a igreja. Mas Jesus aparece como o supremo conquistador. Ele aparece repentinamente em majestade e glória!

A descrição do noivo, o Rei dos reis (Ap 19.11-13,15-16). Ele é fiel e verdadeiro (Ap 19.11), em contraste com o anticristo, que é falso e enganador. O noivo **é aquele que a tudo perscruta** (Ap 19.12). Seus olhos são como chama de fogo. Nada ficará oculto de seu profundo julgamento. Ele julgará as suas palavras, as obras e os segredos do seu coração. Aqueles que escaparam do juízo dos homens não escaparão do juízo de Deus. Ele é o vencedor supremo (Ap 19.12b). *Na sua cabeça há muitos diademas.* Ele carrega na cabeça a coroa do vencedor e do conquistador. Quando entrou em Jerusalém, ele cavalgou um jumentinho. Mas agora cavalga um cavalo branco. Tem na cabeça o símbolo da sua suprema vitória. É insondável em seu ser (Ap 19.12c). Isso revela que jamais o conheceremos completamente. Ele é a Palavra de Deus em ação (Ap 19.13). Deus criou o Universo por meio da sua Palavra. Agora Deus julgará o mundo por meio da sua Palavra. Jesus é o grande juiz de toda a terra. É o amado da igreja e o vingador de seus inimigos (Ap 19.13,15). Seu manto está manchado de sangue, não o sangue da cruz, mas o sangue dos seus inimigos (Is 63.2,3). Ele vem para o julgamento. Vem para colocar os inimigos debaixo dos seus pés. Vem para recolher os eleitos na ceifa e pisar os ímpios como numa lagaragem (Ap 14.17-20). Vem para julgar as nações (Mt 25.31-46). Ele é o Rei dos reis e o Senhor dos senhores (Ap 19.16). Deus o exaltou sobremaneira e deu-lhe o nome que está acima de todo nome. Diante dele todos os seus inimigos se dobrarão: o diabo, o anticristo, o falso profeta, os reis da terra, os ímpios.

Os exércitos ou acompanhantes do noivo, o Rei dos reis (Ap 19.14). O rei virá em glória, ao som retumbante da trombeta de Deus. Cristo descerá do céu, e todo o olho o verá. Ele virá pessoalmente, fisicamente, visivelmente, audivelmente, poderosamente, triunfantemente. O rei virá com o seu séquito: os anjos e os remidos (Mt 24.31; Mc 13.27; Lc 9.26; 1Ts 4.13-18; 2Ts 1.7-10). Um exército de anjos descerá com Cristo. Os salvos que estiverem na glória virão com ele entre nuvens, como vencedores, montados em cavalos brancos. Todos trajarão vestiduras brancas. Outrora, a nossa justiça era como trapos de imundícia, mas agora usaremos vestiduras brancas. Somos justos e vencedores.

A DERROTA DOS INIMIGOS PELO REI DOS REIS É DESCRITA EM TODA A SUA HEDIONDEZ (Ap 19.17,18). Enquanto os remidos são convidados para entrarem no banquete das bodas do Cordeiro, as aves são convidadas a se banquetearem com as carnes dos reis, poderosos, comandantes, cavalos e cavaleiros. Há um contraste entre esses dois banquetes. O primeiro é o banquete da ceia nupcial do Cordeiro, para o qual todos os santos são convidados (Ap 19.7-9). O segundo é o banquete dos vencidos, para o qual todas as aves de rapina são convocadas. Isso indica que todo o poder terreno chegou ao fim. A vitória de Cristo é completa!

O REI DOS REIS TRIUNFA SOBRE SEUS INIMIGOS NA BATALHA FINAL, O ARMAGEDOM (Ap 19.19-21). Essa será a peleja do Grande Dia do Deus todo-poderoso (Ap 16.14). Os exércitos que acompanham Cristo não lutam. Mas Jesus Cristo destruirá o anticristo com o sopro da sua boca, pela manifestação da sua vinda (2Ts 2.8). Todas as nações da terra o verão e lamentarão sobre ele (Ap 1.7). Quando os inimigos do Cordeiro se reunirem, sua derrota será total e final (Ap 19.19-21). Jesus vence essa batalha não com armas, mas com a sua Palavra, a espada afiada que sai da sua boca (Ap 19.15).

Aquele será um dia de trevas, e não de luz, para os inimigos de Deus. Ninguém poderá escapar. Será o grande dia da ira do Cordeiro e do juízo de Deus. O anticristo e o falso profeta serão lançados no lago de fogo, onde a meretriz também estará queimando (Ap 19.3,20). Eles jamais sairão desse lago. Serão atormentados pelos séculos dos séculos (Ap 20.10). As duas bestas serão derrotadas e lançadas no lago de fogo. Os poderes seculares e todas as falsas religiões serão lançados no lago de fogo e destruídos para sempre.[3] Enquanto os inimigos de Deus serão atormentados por toda a eternidade, a igreja desfrutará da intimidade de Cristo nas bodas do Cordeiro para todo o sempre.

Em breve Cristo voltará como o Rei dos reis e Senhor dos senhores. É Cristo o Senhor da sua vida hoje? Você está preparado para se encontrar com ele? Vigie para que aquele grande dia não apanhe você de surpresa.

---

[3] LLOYD-JONES, Martyn. *A igreja e as últimas coisas*. São Paulo: PES, 1998, p. 244.

9

Uma igreja glorificada

Em Apocalipse 17.1-3, João é convidado a ver a queda da grande meretriz, Babilônia, a cidade do pecado. A falsa igreja foi consumida pelo fogo. Agora, João é chamado pelo mesmo anjo para ver o esplendor da nova Jerusalém, a cidade santa, a noiva do Cordeiro (Ap 21.9,10). No Apocalipse, o nome "Jerusalém" ocorre somente aqui e em 3.12. É uma alusão não à capital de Israel, mas à cidade espiritual de Deus.[1] A cidade eterna não é somente o lar da noiva, é a própria noiva.[2] A cidade não é feita de edifícios, mas de pessoas. A cidade é santa e celestial. Ela desce do céu. Sua origem está no céu. Ela foi escolhida por Deus.

João agora contempla o esplendor da nova Jerusalém, a noiva do Cordeiro. Tanto a noiva (Ap 21.9) como a "cidade santa" (Ap 21.2) são figuras que representam a igreja. O apóstolo falas sobre seu fundamento, suas muralhas, suas portas, suas praças e seus habitantes.

---

[1] KISTEMAKER, Simon. *Apocalipse*. São Paulo: Cultura Cristã, 2004, p. 697.
[2] WIERSBE, Warren. *The Bible Expository Commentary*. Colorado Springs: David Cook Pub., 1989, p. 623.

A nova Jerusalém é bonita por fora – ela reflete a glória de Deus

Quando João tentou descrever a glória da cidade, a única coisa que pôde fazer foi falar em termos de pedras preciosas, como quando tentou descrever a presença de Deus no trono (Ap 4.3).

A glória de Deus habitava no Santo dos Santos, no tabernáculo e no templo. Agora, a glória de Deus habita nos crentes. Mas a igreja glorificada, a noiva do Cordeiro, terá sobre si a plenitude do esplendor de Deus. A *shekiná* de Deus brilhará sobre ela eternamente.

Assim como a Lua reflete a luz do Sol, a igreja refletirá a glória do Senhor. Essa glória é indescritível (Ap 21.11), como indescritível é Deus (Ap 4.3). A igreja é bela por fora. É como a noiva adornada para o seu esposo. Não tem rugas. Suas vestes estão alvas.

A nova Jerusalém é bonita por dentro

A nova Jerusalém não é bonita apenas do lado de fora, mas também do lado de dentro (Ap 21.19,20). Ninguém coloca pedras preciosas no fundamento. Mas no alicerce dessa cidade estão doze espécies de pedras preciosas. Há beleza, riqueza e esplendor no seu interior. Não há coisa feia dentro dessa igreja. Não há nada escondido, nada debaixo do tapete. Essa igreja pode passar por uma profunda investigação. Ela é bonita por dentro!

A nova Jerusalém é aberta a todos

A cidade tem doze portas: tem portas para todos os lados. Isso remete à oportunidade abundante de entrar nesse glorioso e maravilhoso companheirismo com Deus. Venham de onde vierem, as pessoas podem entrar. Os habitantes dessa cidade são aqueles que procedem de toda tribo, povo, língua e nação. São todos aqueles que foram comprados com o sangue do Cordeiro. Não há preconceito nem acepção de pessoas. Todos podem vir: pobres e ricos, doutores e analfabetos, religiosos e ateus, homens e mulheres. A cidade é aberta a todos. Há portas para todos os lados. O noivo convida: Vem! A noiva convida: Vem! Quem tem sede recebe a água da vida! Nessa cidade os santos do Antigo e do Novo Testamentos estarão unidos. A cidade é formada de todos os crentes da antiga dispensação (Ap 21.12) e da nova dispensação (Ap 21.14). Nenhum daqueles que foram remidos ficará de fora dessa gloriosa cidade.

A nova Jerusalém não é aberta a tudo

A cidade tem uma grande e alta muralha. A muralha fala sobre proteção e segurança. Embora haja portas (Ap 21.13) e portas abertas (Ap 21.25), nem todos entrarão nessa cidade (Ap 21.27). Em cada porta, há um anjo (Ap 21.12). Assim como Deus colocou um anjo com espada flamejante para proteger a árvore da vida no Éden, também há um anjo em cada porta aqui. O muro demarca a santidade da cidade (Ap 21.10), separando o puro do impuro (Ap 21.27). Deus é o muro de fogo que protege sua igreja (Zc 2.5). A igreja está segura e nada pode perturbá-la na glória.

O pecado não pode entrar na nova Jerusalém (Ap 21.27a). O diabo também não pode entrar, visto que já foi lançado no lago do fogo. Embora a igreja seja aberta a todos, não é aberta a tudo. Muitas vezes a igreja, hoje, tem estado aberta a tudo, mas não aberta a todos.

Os que se mantêm no pecado não podem entrar na Jerusalém celeste, mas apenas aqueles cujos nomes estão no Livro da Vida (Ap 21.27b). Somente os remidos, os perdoados, os lavados, os arrependidos, os que creem poderão entrar pelas portas da cidade santa.

A nova Jerusalém está construída sobre o fundamento da verdade

O fundamento dos apóstolos aponta para a teologia da igreja (Ap 21.14). A igreja está edificada sobre o fundamento dos apóstolos (Ef 2.20). Esta é uma referência à doutrina apostólica, à verdade recebida e proclamada pelos apóstolos. A pedra sobre a qual a igreja está edificada não é Pedro nem algum papa. Jesus Cristo é o único fundamento da igreja (1Co 3.11). A igreja do céu, a noiva do Cordeiro, a nova Jerusalém, está edificada sobre o fundamento dos apóstolos, sobre a verdade revelada, sobre as Escrituras. Assim, a nova Jerusalém não está edificada sobre Pedro, sobre visões e revelações estranhas às Escrituras. A Palavra de Deus é sua base. Não é uma igreja mística nem liberal. É logocêntrica!

A nova Jerusalém tem espaço para todos os remidos (Ap 21.15-17)

A cidade é quadrangular: tem comprimento, largura e altura iguais (Ap 21.15-17). A cidade tem 12 mil estádios, ou seja, 2.200 quilômetros de comprimento, largura e altura. Não existe nada parecido no planeta. É uma cidade que vai de São Paulo a Aracaju. Na nova Jerusalém, a maior montanha da terra, o Everest, desaparece. Essa cidade é um verdadeiro cosmo de glória e santidade. É óbvio que esses números representam a simetria, a perfeição, a vastidão e a totalidade da nova Jerusalém.

Não existem bairros ricos e pobres nessa cidade. Toda a cidade é igual. Não há casebres nessa cidade. Existem, sim, mansões, feitas não por mãos humanas. Deus é o arquiteto e fundador dessa cidade.

A muralha da cidade mede 144 côvados, ou seja 70 metros de altura. A medida da cidade é um símbolo da sua majestade, magnificência, grandeza, suficiência. Essas medidas indicam a perfeição da cidade eterna. Nada está fora de ordem ou fora de equilíbrio.

A nova Jerusalém é o lugar onde se vive em total integridade (Ap 21.18,21b)

Não apenas a cidade é de ouro puro, mas a praça da cidade, o lugar central, onde as pessoas vivem, é de ouro puro, como vidro transparente (Ap 21.18,21b). Tudo ali vive na luz. Tudo está a descoberto. Nada está escondido. Nada está escamoteado. A integridade é a base de todos os relacionamentos.

A nova Jerusalém é o lugar de plena comunhão com Deus

No Antigo Testamento, a presença de Deus estava no tabernáculo e depois no templo. Mas, assim que o véu do templo foi rasgado, Deus veio para habitar na igreja. O Espírito Santo enche agora não um edifício, mas os crentes.

Na nova Jerusalém, não haverá templo, porque a igreja habitará em Deus, e Deus habitará na igreja (Ap 21.22). Hoje Deus habita em nós, depois habitaremos em Deus. Isso é plena comunhão! A vida no céu será marcada não por religiosismo, mas por comunhão com Deus.

A nova Jerusalém é o lugar da plena manifestação da glória de Deus

A cidade será iluminada não mais pelo Sol ou pela Lua. A glória de Deus a iluminará. A lâmpada que reflete a glória de Deus é o Cordeiro (Ap 21.23,24). Cristo será a lâmpada que manterá a luz da igreja sempre acesa. A noiva do Cordeiro não é como a meretriz que se prostituiu com os reis da terra. Os reis da terra é que vieram a ela para conhecerem a glória do seu noivo e depositarem a seus pés a sua coroa. Essa igreja não está a serviço dos reis; está a serviço do REI.

A nova Jerusalém é o paraíso restaurado onde corre o rio da vida

A nova Jerusalém é uma cidade, um jardim, uma noiva (Ap 22.1,2). O jardim perdido no Éden é o jardim reconquistado no céu. Lá o homem foi impedido pelo pecado de comer da árvore da vida; aqui ele pode alimentar-se da árvore da vida. Lá ele adoeceu pelo pecado; aqui ele é curado do pecado. Lá ele foi sentenciado à morte; aqui ele toma posse da vida eterna.

No jardim do Éden, havia quatro rios. Nesse jardim celestial, há um único rio, o rio da vida. Ele flui do trono de Deus e simboliza a vida eterna, a salvação perfeita e gratuita, o dom da soberana graça de Deus. Por onde ele passa, traz vida, cura e salvação. O rio da vida simboliza a vida abundante na gloriosa cidade.

A nova Jerusalém é onde está o trono de Deus

O trono remete à soberania e ao governo de Deus (Ap 22.3,4). O Senhor governa sobre a igreja. Ela é comandada por aquele que está no trono. É submissa e fiel. Esse é um trono de amor. Os súditos também são reis. Eles obedecem prazerosamente.

A igreja pode estar situada onde está o trono de Satanás, como em Pérgamo, mas o trono de Deus está no coração da igreja.

Na nova Jerusalém teremos propósito: "Os seus servos o servirão". Nosso trabalho será deleitoso. Serviremos àquele que nos serviu e deu a vida por nós. Os salvos entrarão no descanso de Deus (Hb 4.9). Os salvos descansarão de suas fadigas (Ap 14.13), não porém de seu serviço.

Na nova Jerusalém, teremos intimidade com o Senhor: "Contemplarão a sua face...". O que mais ambicionamos no céu não são as ruas de ouro, os muros de jaspe luzentes, as mansões ornadas de pedras preciosas; mas almejamos contemplar a face do Pai! Céu é intimidade com Deus. Esta é a esperança e a meta da salvação individual em toda a Escritura: a contemplação de Deus!

A nova Jerusalém é onde os remidos reinarão com Cristo eternamente

Deus nos salvou não apenas para irmos para o céu, mas para reinarmos com ele no céu (Ap 22.5). Ele nos levará não apenas para a glória, mas também para o trono. Seremos não apenas servos no céu, mas também reis. Reinaremos com o Senhor para sempre. Cristo compartilhará com a sua noiva a sua glória, sua autoridade e seu poder. Reinaremos como reis no novo céu e na nova terra. Que honra! Que graça! Que glória será!

Você já é um habitante dessa cidade santa? Já tem uma casa nessa cidade? Seu lugar já está preparado nessa cidade?

Para onde caminha a igreja?

Onde você tem colocado o seu coração: na nova Jerusalém ou na grande Babilônia? A qual igreja você pertence: à noiva ou à grande meretriz? Qual é o seu destino: o paraíso ou o lago de fogo? Para onde você está indo: para a casa do Pai, onde o Cordeiro será a lâmpada eterna, ou para as trevas exteriores? Onde está o seu prazer: em servir a Deus ou em se deleitar no pecado? Hoje é o dia da sua escolha, da sua decisão! Escolha a vida, para que você viva eternamente!